新编中文课

TALES & TRADITIONS

and other essays

**READINGS IN
CHINESE
LITERATURE SERIES**

VOLUME

1

FOR ADVANCED BEGINNERS
第一册

Yun Xiao 萧云   **Hui Xiao** 肖慧   **Ying Wang** 王莹

CHENG & TSUI COMPANY
Boston

16 15 14 13 12 11 10 09 08   1 2 3 4 5 6 7 8 9 10

Published by
Cheng & Tsui Company, Inc.
25 West Street
Boston, MA 02111-1213 USA
Fax (617) 426-3669
www.cheng-tsui.com
"Bringing Asia to the World"™

Cover design by Gia Giasullo, Studio eg
Interior design by Maxine Ressler

All trademarks mentioned in this book are the property of their respective owners.

ISBN 978-0-88727-534-0

Library of Congress Cataloging-in-Publication Data is available for this title.

Printed in the United States of America

目录
目錄

Contents

编写说明
編寫說明

Preface

Chinese is the language of the country with the largest population in the world, and in the United States, Chinese is the language of the second-largest group of non-English speakers, after only Spanish. To date, although a number of comprehensive Chinese textbooks are currently available in the United States, interesting and informative pleasure-reading materials specifically designed for Chinese are scarce at all levels. Learners and instructors of Chinese as a foreign language (CFL) have longed for such materials, and as the first AP® Chinese Language and Culture exam was offered in 2007, the need for quality readings that familiarize students with expressions essential to understanding Chinese culture is now greater than ever.

Tales and Traditions: Readings in Chinese Literature Series <新编中文课外阅读丛书>/<新編中文課外閱讀叢書> was created to meet the need for supplementary reading materials for Chinese language learners. Foreign language acquisition research has shown that extensive pleasure reading, in which students read large quantities of level-appropriate books and materials, is essential to attaining fluency in a foreign language. Pleasure reading not only improves students' reading skills, speed, and language proficiency, but also leads them to lifelong fluency and enjoyment of reading in the target language. This series presents stories and anecdotes that are a part of the Chinese literary canon and essential for cultural fluency: sayings from classical philosophers, folk tales, legends, excerpts from great works of literature, and more.

Volume 1 is designed for students who have finished the beginning level of Chinese study. Its three chapters, organized by theme, include ten Chinese literary quotations and fables; seven famous anecdotes from celebrities such as Confucius and Sima Guang; and six mythological stories and fantasies. Material within each theme increases in difficulty, but students and teachers should feel comfortable reading the selections in any order.

Each text in this *Readings in Chinese Literature Series* has an interesting story line, a vocabulary list, and stimulating post-text questions. The texts can be used both for individual student reading and/or for instructor-facilitated classroom reading. Using the discussion questions, teachers can engage students in comprehension checks, cross-cultural comparisons, and real-life reflections. Students may also enjoy acting out the stories (see the "Teaching Note" at the end of this Preface for more information). Teachers will find the texts easy to use and an essential tool to improve learners' presentation skills. The stories will help students gain literacy and familiarity with Chinese written texts that are at the heart of Chinese culture. This focus on reading comprehension and cultural knowledge makes *Tales & Traditions: Readings in Chinese Literature Series* an excellent companion for students who are preparing for the AP® Chinese Language and Culture exam, or other standardized tests.

An appendix of pinyin texts is included for students who struggle with character recognition, and a comprehensive index of all vocabulary words, arranged in alphabetical order by pinyin, will help students review and look up unfamiliar words. Proper nouns that appear in the stories are underlined, so that students can easily recognize and identify them.

About the *Tales & Traditions: Readings in Chinese Literature* Series

Differentiated in the use of characters, phrases, sentence patterns, and discourse features, the series consists of four volumes for advanced-beginning, intermediate, advanced, and superior levels. All stories are adapted to a level appropriate for learners of Chinese, from the advanced-beginning level in Volume 1 to the superior level in Volume 4. Each level includes a variety of genres, such as myths, legends, classical and popular short stories, fables, Tang/Song poems, satirical and amusing essays and stories, and extracts of well-known literature. Texts from beginning to advanced levels are all illustrated. Authentic texts, vocabulary words, and sentence patterns were adapted to keep the stories level-appropriate, while maintaining their originality.

In each volume, vocabulary words, forms of usage, idioms, and phrases are selected according to their frequency of use and expository requirements. Vocabulary glossing is cumulative, so that if a word is glossed in the first story, it will not be glossed again in later stories. Students should focus on reading for comprehension, rather than being able to recognize each and every character. For students' ease of vocabulary reference, however, an appendix of pinyin texts is included so that students can quickly check the pronunciation of a word and look it up in the glossary or in a dictionary.

To adapt these stories and compile vocabulary lists, we used three main sources: *Xiandai Hanyu Pinlu Cidian* (現代漢語頻率詞典) (1986), *Hanyu Shuiping Dengji Biaozhun he Dengji Dagang* (漢語水平等級標準和等級大綱) (1988), and *Far East 3000 Chinese Character Dictionary* (遠東漢字三千字典) (2003). Words and phrases used at the beginning, intermediate, and advanced levels are selected in accordance with the 甲 乙 丙 levels specified in 漢語水平等級標準和等級大綱. The length (i.e., the number of running characters) of the texts gradually increases as the academic level advances, from 150 to 1,000 characters per text for the beginning and intermediate levels, and from 500 to 2,000 characters per text for the advanced and superior levels. For the beginning and intermediate levels, we selected the first 1,500 most frequently used words listed in 現代漢語頻率詞典 and expanded to the first 3,500 words for the advanced and superior levels.

As globalization, multiculturalism, and multilingualism change the way people interact with each other around the globe, a high level of Chinese language proficiency has become an important qualification for individuals in the United States and other English-speaking countries to gain a competitive advantage in academics, business, and other areas. We hope this series of stories will help students become fluent readers and speakers of Chinese, as well as global citizens with a multicultural perspective.

TEACHING NOTE

For teachers and students who are using this book as supplementary reading for a Chinese course, we have provided questions in both Chinese and English to stimulate class discussions of the stories. In addition, students can be asked to retell the stories in their own words when class time allows. For extra speaking practice, students may enjoy acting out the stories in small groups. Each group selects a story, writes speaking lines, and assigns roles. A special day or two can be set aside at mid-term or semester's end for performance of the plays.

词类简称表
詞類簡稱表

Abbreviations of Parts of Speech

Part of Speech	Definition
adj.	*Adjective*
adv.	*Adverb*
conj.	*Conjunction*
mw.	*Measure word*
n.	*Noun*
on.	*Onomatopoeic word*
part.	*Particle*
pn.	*Proper noun*
v.	*Verb*
vc.	*Verb plus complement*
vo.	*Verb plus object*

I

第一章 寓言典故
第一章 寓言典故

Fables and Literary Quotations

1

拔苗助长
拔苗助長
Bá miáo zhù zhǎng

Pulling Seedlings Up to Help Them Grow

从前，有一个农民住在一个小村子里。他每天早上很早起床到地里去工作，晚上很晚才回家。

一年春天，他在地里下了种子，不久就长出了禾苗。他非常高兴，天天给禾苗浇水，希望它们快快长高。他还每天都用一把尺子去量这些禾苗，看看它们长高了多少。十几天过去了，他觉得禾苗长得太慢了，很着急。他想："怎样才能让这些禾苗长得快一点呢？"

他想啊想啊，想出了一个办法："如果我把这些禾苗都往上拔高一点儿，它们不就都长高了吗？"他很快跑到地里，把所有的禾苗都拔高了一点儿。

他拔到半夜才回家。虽然很累，但是很高兴。他告诉儿子说："我今天帮助地里的禾苗长高了！"他的儿子到地里一看，却发现所有的禾苗都死了。

從前，有一個農民$_2$住在一個小村子$_3$裡。他每天早上很早起床到地裡去工作，晚上很晚才回家。

一年春天，他在地裡下了種子$_4$，不久就長出了禾苗$_5$。他非常高興，天天給禾苗澆水$_6$，希望它們快快長高。他還每天都用一把尺子去量$_7$這些禾苗，看看它們長高了多少。十幾天過去了，他覺得禾苗長得太慢了，很著急$_8$。他想："怎樣才能讓這些禾苗長得快一點呢？"

他想啊想啊，想出了一個辦法："如果我把這些禾苗都往上拔高一點兒，它們不就都長高了嗎？"他很快跑$_9$到地裡，把所有的禾苗都拔高了一點兒。

他拔到半夜才回家。雖然很累$_{10}$，但是很高興。他告訴兒子說："我今天幫助地裡的禾苗長高了！"他的兒子到地裡一看，卻發現$_{11}$所有的禾苗都死$_{12}$了。

Vocabulary List

Simplified Characters	Traditional Characters	Pinyin	Part of Speech	English Definition
1. 拔	拔	bá	v.	to pull
苗	苗	miáo	n.	seedling; shoot
助	助	zhù	v.	to help
长	長	zhǎng	v.	to grow
2. 农民	農民	nóngmín	n.	farmer
3. 村子	村子	cūnzi	n.	village
4. 种子	種子	zhǒngzi	n.	seeds
5. 禾苗	禾苗	hémiáo	n	shoots of grain
6. 浇水	澆水	jiāoshuǐ	vo.	to give water to plants
7. 量	量	liáng	v.	to measure
8. 着急	著急	zhāojí	adj.	worry
9. 跑	跑	pǎo	v.	to run
10. 累	累	lèi	adj.	tired
11. 发现	發現	fāxiàn	v.	to discover
12. 死	死	sǐ	v.	to die or to become withered

Questions for Discussion

Answer in Chinese:

....

1. ■■ 为了使禾苗长得快，这个农民做了什么？
   ■■ 為了使禾苗長得快，這個農民做了什麼？
   What did the farmer do to help his shoots grow faster?

2. ■■ 这个农民的儿子在地里发现了什么？
   ■■ 這個農民的兒子在地裡發現了什麼？
   What did the farmer's son discover?

Discuss in English:

....

3. In what ways was the farmer impatient?

4. In what ways was the farmer excessively enthusiastic?

5. Why didn't the farmer know that pulling up the shoots would cause
   them to die?

6. What is the moral of this story? Do you know another idiom that
   teaches the same lesson?

Please see p. x of the Preface for ideas about speaking activities that can be conducted in the classroom or as part
of an extracurricular performance.

2

守株待兔_I
守株待兔_I

Shǒu zhū dài tù

Sitting by a Stump to Wait for a Careless Hare

很久以前，有一个农民在很远的地方种了一块$_2$地。地的旁边有一个树桩$_3$，树桩旁边长满了野草$_4$，如果不仔细$_5$看的话，就看不出里面有一个树桩。有时这个农民累了，就坐在树桩上休息$_6$。

有一天，这个农民正在工作，一只野兔飞一样地从远处跑过来。这只野兔因为跑得太快，没有看到野草里的树桩，一头撞$_7$在树桩上，就昏$_8$过去了。农民看见了，马上拾$_9$起野兔。他非常高兴，心里想："要是每天都有一只野兔从这里跑过，并且$_{10}$撞在这个树桩上，那我为什么还要辛辛苦苦$_{11}$地工作呢？"

从这天以后，这个农民再也不去工作了。他每天早上都来到地里，坐在离树桩不远的地方等着，希望还会有野兔跑过来撞在那儿。

农夫等啊，等啊，一天、两天、三天，很多天过去了，他的地里已经长满了野草。虽然还常有野兔从地边跑过，可是没有一只正好撞在那个树桩上。最后，他连吃饭的钱都没有了，成了人们的笑话$_{12}$。

很久以前，有一個農民在很遠的地方種了一塊[2]地。地的旁邊有一個樹椿[3]，樹椿旁邊長滿了野草[4]，如果不仔細[5]看的話，就看不出裡面有一個樹椿。有時這個農民累了，就坐在樹椿上休息[6]。

有一天，這個農民正在工作，一隻野兔飛一樣地從遠處跑過來。這隻野兔因為跑得太快，沒有看到野草裡的樹椿，一頭撞[7]在樹椿上，就昏[8]過去了。農民看見了，馬上拾[9]起野兔。他非常高興，心裡想：“要是每天都有一隻野兔從這裏跑過，並且[10]撞在這個樹椿上，那我為什麼還要辛辛苦苦[11]地工作呢？”

從這天以後，這個農民再也不去工作了。他每天早上都來到地裡，坐在離樹椿不遠的地方等著，希望還會有野兔跑過來撞在那兒。

農夫等啊，等啊，一天、兩天、三天，很多天過去了，他的地裡已經長滿了野草。雖然還常有野兔從地邊跑過，可是沒有一隻正好撞在那個樹椿上。最後，他連吃飯的錢都沒有了，成了人們的笑話[12]。

Vocabulary List

Simplified Characters	Traditional Characters	Pinyin	Part of Speech	English Definition
1. 守	守	shǒu	v.	to stay around
株	株	zhū	n.	tree stump
待	待	dài	v.	to wait
兔	兔	tù	n.	hare, rabbit
2. 块	塊	kuài	mw.	measure word for a piece, lump, chunk
3. 树桩	樹樁	shùzhuāng	n.	tree stump
4. 野草	野草	yěcǎo	n.	weeds, wild grass
5. 仔细	仔細	zǐxì	n.	carefully
6. 休息	休息	xiūxi	v.	to have a rest
7. 撞	撞	zhuàng	v.	to bump into
8. 昏	昏	hūn	v.	to faint
9. 拾	拾	shí	v.	to pick up
10. 并且	並且	bìngqiě	conj.	also
11. 辛辛苦苦	辛辛苦苦	xīnxīnkǔkǔ	adj.	painstaking
12. 笑话	笑話	xiàohuà	n.	laughing stock

讨论题
討論題

Questions for Discussion

Answer in Chinese:

1. ▨ 小野兔出什么事儿了？
   ▨ 小野兔出什麼事兒了？

   What happened to the poor little hare?

2. ▨ 这个农夫给这只受了伤的小野兔做了什么？
   ▨ 這個農夫給這隻受了傷的小野兔做了什麼？

   What did the man do with the injured hare?

Discuss in English:

3. Why didn't the farmer want to work anymore?

4. Why did the farmer continue to wait for another hare to bump into the stump even though people were laughing at him?

5. What is the moral of this story? Do you know another idiom that teaches the same lesson?

Please see p. x of the Preface for ideas about speaking activities that can be conducted in the classroom or as part of an extracurricular performance.

3

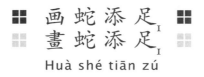

Huà shé tiān zú

Drawing a Snake with Feet

很久以前，有一个富人₂，家里有很多仆人₃。有一天，他给了他们一瓶酒。这酒好香₄啊！可是，只有一瓶，仆人却有十几个。怎么办呢？这时，有一个仆人说："酒太少了，只够一个人喝，让我们来一场₅比赛₆吧。我们每个人都用笔在地上画一条蛇，谁先画好，这瓶酒就让他一个人喝，好不好？"大家都说"好。"

然后，他们都拿好了笔，一、二、三，开始！大家同时在地上画起蛇来。有一个人很快就画好了。他看见其他的人还在画着，就说："你们画得真慢！你们看，我早就画完了！这酒是我的了。"他把酒拿过来，又看了看其他的人，笑着说："你们还在画呢，那我再给我的蛇画四只脚₇吧！"他一边说，一边在画好的蛇上又画了四只脚。

可是，还没等他把脚画好，第二个人已经画完了。这个人马上从他手里把酒抢₈过来，说："我们比赛画蛇，可是蛇没有脚啊！现在你却给它画上了脚，那还能叫蛇吗？现在我是第一个画完蛇的人了，所以这瓶酒应该是我的！"说完他就开始喝起来。第一个画完蛇的人非常生气₉，可是一句话也说不出来，因为这是他自己的过错₁₀啊！

很久以前，有一個富人₂，家裡有很多僕人₃。有一天，他給了他們一瓶酒。這酒好香₄啊！可是，只有一瓶，僕人卻有十幾個。怎麼辦呢？這時，有一個僕人說："酒太少了，只夠一個人喝，讓我們來一場₅比賽₆吧。我們每個人都用筆在地上畫一條蛇，誰先畫好，這瓶酒就讓他一個人喝，好不好？"大家都說"好。"

然後，他們都拿好了筆，一、二、三，開始！大家同時在地上畫起蛇來。有一個人很快就畫好了。他看見其他的人還在畫著，就說："你們畫得真慢！你們看，我早就畫完了！這酒是我的了。"他把酒拿過來，又看了看其他的人，笑著說："你們還在畫呢，那我再給我的蛇畫四隻腳₇吧！"他一邊說，一邊在畫好的蛇上又畫了四隻腳。

可是，還沒等他把腳畫好，第二個人已經畫完了。這個人馬上從他手裡把酒搶₈過來，說："我們比賽畫蛇，可是蛇沒有腳啊！現在你卻給它畫上了腳，那還能叫蛇嗎？現在我是第一個畫完蛇的人了，所以這瓶酒應該是我的！"說完他就開始喝起來。第一個畫完蛇的人非常生氣₉，可是一句話也說不出來，因為這是他自己的過錯₁₀啊！

Vocabulary List

Simplified Characters	Traditional Characters	Pinyin	Part of Speech	English Definition
1. 画	畫	huà	v.	to draw
蛇	蛇	shé	n.	snake
添	添	tiān	v.	to add
足	足	zú	n.	feet
2. 富人	富人	fùrén	n.	rich person
3. 仆人	僕人	púrén	n.	servant
4. 香	香	xiāng	adj.	smell good
5. 场	場	chǎng	mw.	measure word for happenings or occurrences
6. 比赛	比賽	bǐsài	v.	competition
7. 脚	腳	jiǎo	n.	foot
8. 抢	搶	qiǎng	v.	to grab
9. 生气	生氣	shēngqì	adj.	angry
10. 过错	過錯	guòcuò	n.	fault, mistake

Questions for Discussion

Answer in Chinese:

1. ▦ 这些仆人要比赛做什么？

   ▦ 這些僕人要比賽做什麼？

   What did the servants compete for?

2. ▦ 第一个画完蛇的人为什么输了？

   ▦ 第一個畫完蛇的人為什麼輸了？

   Why did the first winner lose the prize?

Discuss in English:

3. Why did the first winner want to add feet to his snake?

4. In what way was the contest flawed?

5. What is the moral of this story? Do you know another idiom that teaches the same lesson?

Please see p. x of the Preface for ideas about speaking activities that can be conducted in the classroom or as part of an extracurricular performance.

4

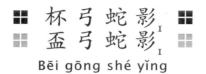

杯 弓 蛇 影 I
盃 弓 蛇 影 I

Bēi gōng shé yǐng

Mistaking the Reflection of a Bow for a Snake

中国古代有一个人叫乐广。乐广*有很多朋友，他最喜欢做的事情就是请他的朋友们到家里来喝酒，聊天儿。

有一天，乐广的一个好朋友到他家来了，两个人一边喝酒，一边聊天。正当他们聊得很高兴的时候，他的朋友却推开酒杯，说自己的肚子不舒服，然后就急急忙忙地回家去了。乐广觉得非常奇怪，很想知道为什么。

第二天，乐广到朋友家去，发现他躺在床上，好象病得很重。乐广问："你今天怎么样？"朋友说："我生病了。"乐广问："什么病呢？"朋友说："昨天我在你家里喝酒的时候，看见一条小蛇在我的酒杯里，我觉得恶心，可是我还是喝下去了。我一喝下去，就觉得肚子很不舒服，回家就生病了。"

乐广想："我家的酒里怎么会有蛇呢？"回家以后，他坐在朋友的座位上，并且在面前放了一杯酒。他一看酒杯，里面真的有一条小蛇！这是怎么回事呢？乐广抬头一看，原来座位旁边的墙上挂着一张弓，那张弓的影子映在酒杯里，就好象是一条小蛇。

乐广马上回到朋友那儿，请朋友再到自己家来。乐广请他坐在原来的座位上，又给他倒了一杯酒。朋友一看酒杯，吓得大叫起来："蛇！蛇！"乐广哈哈大笑，慢慢地站起来，把挂在墙上的弓拿掉。这时朋友再看酒杯，发现酒杯里的蛇不见了。原来酒杯里根本没有小蛇！朋友的"病"一下子就好了，肚子也不疼了。

中國古代有一個人叫樂廣。樂廣*有很多朋友，他最喜歡做的事情就是請他的朋友們到家裡來喝酒，聊天兒。

有一天，樂廣的一個好朋友到他家來了，兩個人一邊喝酒，一邊聊天。正當他們聊得很高興的時候，他的朋友卻推開酒盃，說自己的肚子不舒服，然後就急急忙忙地回家去了。樂廣覺得非常奇怪，很想知道為什麼。

第二天，樂廣到朋友家去，發現他躺在床上，好象病得很重。樂廣問："你今天怎麼樣？"朋友說："我生病了。"樂廣問："什麼病呢？"朋友說："昨天我在你家裡喝酒的時候，看見一條小蛇在我的酒盃裡，我覺得噁心，可是我還是喝下去了。我一喝下去，就覺得肚子很不舒服，回家就生病了。"

樂廣想："我家的酒裡怎麼會有蛇呢？"回家以後，他坐在朋友的座位上，並且在面前放了一盃酒。他一看酒盃，裡面真的有一條小蛇！這是怎麼回事呢？樂廣抬頭一看，原來座位旁邊的牆上掛著一張弓，那張弓的影子映在酒盃裡，就好象是一條小蛇。

樂廣馬上回到朋友那兒，請朋友再到自己家來。樂廣請他坐在原來的座位上，又給他倒了一盃酒。朋友一看酒盃，嚇得大叫起來："蛇！蛇！"樂廣哈哈大笑，慢慢地站起來，把掛在牆上的弓拿掉。這時朋友再看酒盃，發現酒盃裡的蛇不見了。原來酒盃裡根本沒有小蛇！朋友的"病"一下子就好了，肚子也不疼了。

Note: In the stories in this book, underlined words are proper nouns.

Vocabulary List

Simplified Characters	Traditional Characters	Pinyin	Part of Speech	English Definition
1. 杯	盃	bēi	n.	cup
弓	弓	gōng	n.	bow
蛇	蛇	shé	n.	snake
影	影	yǐng	n.	reflection
2. 乐广	樂廣	Yuè Guǎng	pn.	name of a person
3. 推开	推開	tūikāi	v.	to push away
4. 急急忙忙	急急忙忙	jíjímángmáng	adv.	in a hurry
5. 奇怪	奇怪	qíguài	adj.	surprised
6. 恶心	噁心	ěxīn	v.	to feel sick
7. 墙	牆	qiáng	n.	wall
8. 挂	掛	guà	v.	to hang
9. 映	映	yìng	v.	to reflect
10. 根本	根本	gēnběn	adv.	actually

▓ 讨论题 ▓
▓ 討論題 ▓

Questions for Discussion

Answer in Chinese:

1. ▓ <u>乐广</u>的朋友在酒杯里看见了什么？他是什么感受？

   ▓ <u>樂廣</u>的朋友在酒盃裡看見了什麼？他是什麼感受？

   What did Yue Guang's friend see in his wine cup? How did he feel?

2. ▓ 为什么酒杯里的"蛇"不见了？

   ▓ 為什麼酒盃裡的"蛇"不見了？

   Why did the "snake" disappear after the bow on the wall was removed?

Discuss in English:

3. How could the guest so suddenly recover from his illness?

4. Do you think this idiom teaches that being over-suspicious ruins people's lives? How would you state the moral to this story?

5. Do you know another idiom that teaches the same lesson?

Please see p. x of the Preface for ideas about speaking activities that can be conducted in the classroom or as part of an extracurricular performance.

5

盲人摸象 I
盲人摸象 I

Máng rén mō xiàng

Six Blind Men and an Elephant

在很远的地方，有一个城市[2]，那儿住着六个盲人。这六个盲人是好朋友，他们常常在一起聊天儿。有一天，他们听说有人从很远的地方带回来一只很大的动物，叫大象。因为谁都没有见过这种动物，所以大家都去看它。

这些盲人也很想知道大象是什么样子。虽然他们看不见，可是可以用手摸啊！所以他们也来到大象面前，都用手去摸一摸，然后说说它的样子。

第一个盲人摸到了大象的鼻子[3]，他说："哦，原来大象是一条圆圆[4]的、粗粗[5]的、长长的管子[6]啊！"

第二个盲人摸到了大象的耳朵[7]，他说："不对，大象是一把大扇子[8]，搧[9]起风来可凉快呢！"

第三个盲人摸到了大象的身体，他说："你们都错了，大象是一堵[11]又高又大的墙！"[10]

第四个盲人摸到了大象的腿[12]他说："你们说什么呀，大象是一根又粗又圆的大柱子[13]啊！"

第五个盲人摸到了大象的尾巴[14]，他说："你们都不对，大象只是一条长长的绳子[15]。"

第六个盲人摸到了大象的牙齿[16]，他说："我觉得大象不长也不短[17]，摸起来很光滑[18]。"

六个盲人都觉得只有自己才是对的，谁也不让谁。这时，人们笑着对他们说："你们每个人都说对了，但又没有一个人全[19]对。因为你们都只摸到了大象的一部分[20]，并没有摸到大象的全部！"

在很遠的地方，有一個城市，那兒住著六個盲人。這六個盲人是好朋友，他們常常在一起聊天兒。有一天，他們聽說有人從很遠的地方帶回來一隻很大的動物，叫大象。因為誰都沒有見過這種動物，所以大家都去看它。

這些盲人也很想知道大象是什麼樣子。雖然他們看不見，可是可以用手摸啊！所以他們也來到大象面前，都用手去摸一摸，然後說說它的樣子。

第一個盲人摸到了大象的鼻子，他說："哦，原來大象是一條圓圓的、粗粗的、長長的管子啊！"

第二個盲人摸到了大象的耳朵，他說："不對，大象是一把大扇子，搧起風來可涼快呢！"

第三個盲人摸到了大象的身體，他說："你們都錯了，大象是一堵又高又大的牆！"

第四個盲人摸到了大象的腿，他說："你們說什麼呀，大象是一根又粗又圓的大柱子啊！"

第五個盲人摸到了大象的尾巴，他說："你們都不對，大象只是一條長長的繩子。"

第六個盲人摸到了大象的牙齒，他說："我覺得大象不長也不短，摸起來很光滑。"

六個盲人都覺得只有自己才是對的，誰也不讓誰。這時，人們笑著對他們說："你們每個人都說對了，但又沒有一個人全對。因為你們都只摸到了大象的一部分，並沒有摸到大象的全部！"

Vocabulary List

Simplified Characters	Traditional Characters	Pinyin	Part of Speech	English Definition
1. 盲人	盲人	mángrén	n.	blind person
摸	摸	mō	v.	to touch, to feel
象(大象)	象(大象)	xiàng	n.	elephant
2. 城市	城市	chéngshì	n.	city
3. 鼻子	鼻子	bízi	n.	nose (in this story, an elephant's trunk)
4. 圆	圓	yuán	adj.	round
5. 粗	粗	cū	adj.	thick and strong
6. 管子	管子	guǎnzi	n.	a tube
7. 耳朵	耳朵	ěrduō	n.	ear
8. 扇子	扇子	shànzi	n.	fan
9. 搧	搧	shàn	v.	to wave a fan
10. 身体	身體	shēntǐ	n.	body
11. 堵	堵	dǔ	mw.	measure word for walls
12. 腿	腿	tuǐ	n.	leg
13. 柱子	柱子	zhùzi	n.	pillar
14. 尾巴	尾巴	wěibā	n.	tail
15. 绳子	繩子	shéngzi	n.	rope

	Simplified Characters	Traditional Characters	Pinyin	Part of Speech	English Definition
16.	牙齿	牙齒	yáchǐ	n.	teeth (elephant's tusk)
17.	短	短	duǎn	adj.	short
18.	光滑	光滑	guānghuá	adj.	smooth
19.	全	全	quán	adv.	entire
20.	部分	部分	bùfen	n.	part, portion

讨 论 题
討 論 題

Questions for Discussion

Answer in Chinese:

....

1. ■ 盲人们为什么"谁也不让谁?"他们每个人对大象的看法是什么?

   ■ 盲人們為什麼"誰也不讓誰?"他們每個人對大象的看法是什麼?

   What did each of the blind people say about the elephant?

Discuss in English:

....

2. Why did each blind man think that he was right and the others were wrong?

3. Because each individual sees the same thing in a different way, some people believe that there is no such a thing as "truth." Do you agree or disagree? Why?

4. What is the moral of this story? Do you know another idiom that teaches the same lesson?

Please see p. x of the Preface for ideas about speaking activities that can be conducted in the classroom or as part of an extracurricular performance.

6

自相矛盾 I
自相矛盾 I

Zì xiāng máo dùn

Self-Contradiction

很久以前，中国分成[2]了几个小国，这些小国常常打仗[3]。那时候，人们打仗用的武器[4]是矛和盾。矛是用来进攻[5]的，有长长的木柄[6]，木柄的一头装着锋利[7]的矛头[8]，又叫长矛。盾是用来防卫[9]的，用坚硬[10]的金属[11]做成的，打仗时用它挡住[12]身体，可以保护[13]自己不受长矛的攻击。

一天，有一个人在市场[14]上卖武器。他卖的就是矛和盾。他把矛放在一边，又把盾放在另外一边，等到买武器的人来了，他就开始叫卖。

他先拿起一枝[15]矛，对大家说："你们看，我的长矛是最好的！木柄长长的，矛头又锋利又坚硬，不论[16]多么坚硬的盾它都能刺穿[17]！"然后，他又拿起一面[18]盾，对大家说："再来看看我的盾。我的盾是用最坚固的金属做成的，不论多么锋利的长矛都不能把它刺穿！"

大家看看他的矛，再看看他的盾，觉得都不错。这时有一个买武器的人说："如果我买你的矛，再买你的盾，然后用你的矛去刺你的盾，请问会怎样呢？"

这个卖武器的人一听，不知道怎么回答，只好收起矛和盾回家了。后来，人们把两种互相对立[19]的情况叫做矛盾。如果一个人说话前后不一致，就叫做"自相矛盾"。

很久以前，中國分成了幾個小國，這些小國常常打仗。那時候，人們打仗用的武器是矛和盾。矛是用來進攻的，有長長的木柄，木柄的一頭裝著鋒利的矛頭，又叫長矛。盾是用來防衛的，用堅硬的金屬做成的，打仗時用它擋住身體，可以保護自己不受長矛的攻擊。

一天，有一個人在市場上賣武器。他賣的就是矛和盾。他把矛放在一邊，又把盾放在另外一邊，等到買武器的人來了，他就開始叫賣。

他先拿起一枝矛，對大家說："你們看，我的長矛是最好的！木柄長長的，矛頭又鋒利又堅硬，不論多麼堅硬的盾它都能刺穿！"然後，他又拿起一面盾，對大家說："再來看看我的盾。我的盾是用最堅固的金屬做成的，不論多麼鋒利的長矛都不能把它刺穿！"

大家看看他的矛，再看看他的盾，覺得都不錯。這時有一個買武器的人說："如果我買你的矛，再買你的盾，然後用你的矛去刺你的盾，請問會怎樣呢？"

這個賣武器的人一聽，不知道怎麼回答，只好收起矛和盾回家了。後來，人們把兩種互相對立的情況叫做矛盾。如果一個人說話前後不一致，就叫做"自相矛盾"。

Vocabulary List

Simplified Characters	Traditional Characters	Pinyin	Part of Speech	English Definition
1. 自	自	zì	n.	self
相	相	xiāng	adv.	each other
矛	矛	máo	n.	spear
盾	盾	dùn	n.	shield
2. 分成	分成	fēnchéng	vc.	to be divided into
3. 打仗	打仗	dǎzhàng	v.	to fight, to be at war
4. 武器	武器	wǔqì	n.	weapon
5. 进攻	進攻	jìngōng	v.	to attack
6. 木柄	木柄	mùbǐng	n.	wooden holder
7. 锋利	鋒利	fēnglì	adj.	sharp
8. 矛头	矛頭	máotóu	n.	the head of a spear
9. 防卫	防衛	fángwèi	v.	to protect oneself
10. 坚硬	堅硬	jiānyìng	adj.	hard, strong
11. 金属	金屬	jīnshǔ	n.	metal
12. 挡住	擋住	dǎngzhù	v.	to block
13. 保护	保護	bǎohù	v.	to protect
14. 市场	市場	shìcháng	n.	market
15. 枝	枝	zhī	mw.	measure word for a spear

	Simplified Characters	Traditional Characters	Pinyin	Part of Speech	English Definition
16.	不论	不論	búlùn	conj.	no matter
17.	刺穿	刺穿	cìchuān	v.	to poke through
18.	面	面	miàn	mw.	measure word for mirrors, flags, etc.
19.	对立	對立	duìlì	v.	to oppose

Answer in Chinese:

1. ▪▪ 那个买武器的人是怎么卖矛的？又是怎么卖
盾的？

▪▪ 那個買武器的人是怎麼賣矛的？又是怎麼賣
盾的？

What did the peddler say about his spear and shield?

2. ▪▪ 那个买武器的人为什么收起矛和盾回家了？

▪▪ 那個買武器的人為什麼收起矛和盾回家了？

Why did the peddler quit selling his weapons?

Discuss in English:

3. How could the peddler resume selling his weapons?

4. Do you know any other idiom that explains what a contradiction is?

Please see p. x of the Preface for ideas about speaking activities that can be conducted in the classroom or as part of an extracurricular performance.

7

井底之蛙
井底之蛙

Jǐng dǐ zhī wā

A Frog in a Well

很久以前，在离东海很远的地方有一口井。这口井很小，里面住着一只小青蛙。这只青蛙一直住在这里，它去过的最远的地方就是井台。

每天早上，青蛙在井里找些小虫吃。早饭以后，它跳出来，在井台上晒晒太阳，然后回到井里去休息。吃过午饭以后，它在井里游泳，玩儿。吃完晚饭以后，它坐在井里，看看天上的星星，然后回去睡觉。它的日子就这样一天一天地过去，它觉得自己过得很快乐。

有一天，青蛙正在井台上玩儿，路上来了一只大海龟。它问大海龟："你的家在哪儿？你是从哪儿来的？要上哪儿去？"海龟说："我的家在东海。我从东海来，还要回东海去。"青蛙说："东海是什么地方？你为什么要回那儿去呢？像我这样住在井里多好啊！你看，我每天生活得又快乐又舒服。如果你跟我一起住在这儿，你就再也不想回东海去了。"

大海龟听见青蛙把它的井说得那么好，就想下去看看，可是它往井里一看，里面黑黑的，什么也看不见，井口也太小，头和脚都伸不进去，更不用说身体了。

大海龟摇摇头，对青蛙说："谢谢你。我不下去了。虽然你的井很舒服，我还是喜欢我的东海。你知道东海有多大吗？它方圆有几千里，我们看不到它的边。你知道东海有多深吗？它有好几里深，海里有很多动物，我们天天在一起玩儿。只有住在那儿，我才觉得真正地快乐！"

青蛙听了大海龟的话，才知道井外面还有那么大的世界，觉得自己知道得太少了，而且在一个知道得很多的人面前吹牛，真是可笑。

很久以前，在離東海[1]很遠的地方有一口井。這口井很小[2]，裡面住著一隻小青蛙。這隻青蛙一直住在這裡，它去過的最遠的地方就是井臺[3]。

每天早上，青蛙在井里找些小蟲[4]吃。早飯以後，它跳出來，在井臺上曬曬[5]太陽[6]，然後回到井里去休息。吃過午飯以後，它在井里游泳，玩兒。吃完晚飯以後，它坐在井里，看看天上的星星[7]，然後回去睡覺。它的日子就這樣一天一天地過去，它覺得自己過得很快樂[8]。

有一天，青蛙正在井臺上玩兒，路上來了一隻大海龜[9]。它問大海龜："你的家在哪兒？你是從哪兒來的？要上哪兒去？"海龜說："我的家在東海。我從東海來，還要回東海去。"青蛙說："東海是什麼地方？你為什麼要回那兒去呢？像我這樣住在井里多好啊！你看，我每天生活得又快樂又舒服。如果你跟我一起住在這兒，你就再也不想回東海去了。"

大海龜聽見青蛙把它的井說得那麼好，就想下去看看，可是它往井里一看，裡面黑黑的，什麼也看不見，井口也太小，頭和腳都伸[10]不進去，更不用說身體了。

大海龜搖搖頭[11]，對青蛙說："謝謝你。我不下去了。雖然你的井很舒服，我還是喜歡我的東海。你知道東海有多大嗎？它方圓[12]有幾千里[13]，我們看不到它的邊[14]。你知道東海有多深[15]嗎？它有好幾裡深，海里有很多動物，我們天天在一起玩兒。只有住在那兒，我才覺得真正地快樂！"

青蛙聽了大海龜的話，才知道井外面還有那麼大的世界[16]，覺得自己知道得太少了，而且在一個知道得很多的人面前吹牛[17]，真是可笑。

Vocabulary List

Simplified Characters	Traditional Characters	Pinyin	Part of Speech	English Definition
1. 井	井	jǐng	n.	well
底	底	dǐ	n.	bottom
之	之	zhī	part.	indicates possessive
蛙	蛙	wā	n.	frog
2. 东海	東海	dōnghǎi	pn.	the East Sea
3. 只	只	zhī	mw.	measure word for animals
4. 井台	井臺	jǐngtái	n.	the mouth of the well
5. 虫	蟲	chóng	n.	worm
6. 晒	曬	shài	v.	to sunbathe
7. 星	星	xīng	n.	star
8. 快乐	快樂	kuàilè	adj.	happy
9. 海龟	海龜	hǎigūi	n.	sea turtle
10. 伸	伸	shēn	v.	to reach out
11. 摇头	搖頭	yáotóu	v.	to shake one's head
12. 方圆	方圓	fāngyuán	n.	circumference
13. 里	裡	lǐ	n.	a Chinese unit of length (=1/2 kilometer)
14. 边	邊	biān	n.	edge or seashore

	Simplified Characters	Traditional Characters	Pinyin	Part of Speech	English Definition
15.	深	深	shēn	adj.	deep
16.	世界	世界	shìjiè	n.	world
17.	吹牛	吹牛	chuīniǔ	vo.	to brag

Questions for Discussion

Answer in Chinese:

1. ■■ 这只青蛙住在哪儿?
   ■ 這隻青蛙住在哪兒?
   Where does the frog live?

2. ■■ 青蛙听了大海龟的话以后想到了什么? 你同
     意它的想法吗?
   ■ 青蛙聽了大海龜的話以後想到了什麼? 你同
     意它的想法嗎?
   After he heard the turtle's story, what did the frog realize? Do you agree
   with his change of mind?

Discuss in English:

3. Was it an advantage or a disadvantage for the frog to meet the turtle?

4. Do you think the frog will change how he lives?

5. What is the moral of this story? Do you know another idiom that
   teaches the same lesson?

Please see p. x of the Preface for ideas about speaking activities that can be conducted in the classroom or as part
of an extracurricular performance.

8

朝三暮四 I
朝三暮四 I

Zhāo sān mù sì

Three in the Morning and Four in the Evening

从前，有一位老人，住在一座大山旁边，山里有很多猴子。老人非常喜欢这些猴子，他常常在休息的时候看着它们跳来跳去，高高兴兴地玩儿。慢慢地，这些猴子都和老人熟悉起来，一点儿也不怕他，还常常跑到他的身边，跟他一起玩儿。就这样，老人和猴子们成了好朋友。

后来，老人在自己家里养了几只猴子。老人和猴子天天在一起，互相都很了解。老人对猴子说什么，它们都能听懂，他也能看出它们想说什么。

冬天来了，老人给猴子们准备了一些果子，但是太少了。如果它们每天能少吃几个，还可以吃到第二年春天；如果不省着点儿，果子就会不够吃。他算了一下，每只猴子每天只能吃七个果子。

他先给猴子们看了看果子，然后对它们说："果子不够了。从今天起，你们每天每人只能吃七个果子。"猴子们都点头同意了。

老人又说："我每天早上给你们三个，晚上给你们四个，好不好？"猴子们一听，都很不高兴，个个摇头不同意，觉得早上只吃三个果子太少了。老人又说："那么早上四个，晚上三个，怎么样？"猴子们一听早上多了一个果子，都很高兴，又叫又跳，一点儿意见也没有了。

從前，有一位老人，住在一座大山旁邊，山裡有很多猴子。老人非常喜歡這些猴子，他常常在休息的時候看著它們跳來跳去，高高興興地玩兒。慢慢地，這些猴子都和老人熟悉起來，一點兒也不怕他，還常常跑到他的身邊，跟他一起玩兒。就這樣，老人和猴子們成了好朋友。

後來，老人在自己家裡養了幾隻猴子。老人和猴子天天在一起，互相都很了解。老人對猴子說什麼，它們都能聽懂，他也能看出它們想說什麼。

冬天來了，老人給猴子們準備了一些果子，但是太少了。如果它們每天能少吃幾個，還可以吃到第二年春天；如果不省著點兒，果子就會不夠吃。他算了一下，每隻猴子每天只能吃七個果子。

他先給猴子們看了看果子，然後對它們說："果子不夠了。從今天起，你們每天每人只能吃七個果子。"猴子們都點頭同意了。

老人又說："我每天早上給你們三個，晚上給你們四個，好不好？"猴子們一聽，都很不高興，個個搖頭不同意，覺得早上只吃三個果子太少了。老人又說："那麼早上四個，晚上三個，怎麼樣？"猴子們一聽早上多了一個果子，都很高興，又叫又跳，一點兒意見也沒有了。

Vocabulary List

	Simplified Characters	Traditional Characters	Pinyin	Part of Speech	English Definition
1.	朝	朝	zhāo	n.	morning
	暮	暮	mù	n.	evening
2.	座	座	zuò	mw.	measure word for mountains
3.	猴子	猴子	hóuzi	n.	monkey
4.	跳	跳	tiào	v.	to jump
5.	熟悉	熟悉	shúxī	v.	to get familiar with
6.	了解	了解	liǎojiě	adj.	familiar
7.	懂	懂	dǒng	v.	to understand
8.	准备	準備	zhǔnbèi	v.	to prepare
9.	果子	果子	guǒzi	n.	fruit
10.	省	省	shěng	v.	to save
11.	算	算	suàn	v.	to calculate
12.	点头	點頭	diǎntóu	v.	to nod one's head
13.	同意	同意	tóngyì	v.	to agree
14.	意见	意見	yìjiàn	n.	opinion

■■ 讨论题 ■■
■■ 討論題 ■■

Questions for Discussion

Answer in Chinese:

....

1. ■■ 老人告诉猴子们什么？

   ■■ 老人告訴猴子們什麼？

   What decision did the old man make about his pet monkeys' food?

2. ■■ 每只猴子每天能吃到几个果子？

   ■■ 每隻猴子每天能吃到幾個果子？

   How many fruits could each monkey have each day?

Discuss in English:

....

3. Why were the monkeys angry at first and then happy?

4. What difference did the number of fruits make?

5. What is the moral of this story? Do you know another idiom that teaches the same lesson?

_____

Please see p. x of the Preface for ideas about speaking activities that can be conducted in the classroom or as part of an extracurricular performance.

9

刻 舟 求 劍 I
刻 舟 求 劍 I

Kè zhōu qiú jiàn

Carving a Mark on a Boat to Look for a Lost Sword

从前，有一个人坐船去办事，他身上带着一把宝剑。当船到了江心的时候，他的剑不小心掉到江里去了。船上的人都为他着急，觉得这太可惜了，叫他赶快跳到水里去捞。

可是这个人却一点儿也不着急。他拿出一把小刀，在自己的座位旁边刻了一个记号，然后对大家说："没关系，我在这儿刻上记号了。等船到了对岸，我只要从这个有记号的地方跳下去，就可以找到我的剑了。"

船到了岸以后，这个人就从那个有记号的地方跳到江里，去捞他的宝剑，可是什么也没有捞到。

有一个老人对他说："年轻人！虽然你的宝剑掉下去的时候你是坐在这个座位上，可是那时船在江心，你的宝剑掉在江心了！现在船已经到了岸，离江心那么远，你再从这个地方跳下去，怎么能找到你的宝剑呢？"这个人听了，才知道自己做错了。

從前，有一個人坐船₂去辦事，他身上帶著一把寶₃劍。當船到了江心₄的時候，他的劍不小心掉₅到江裡去了。船上的人都為他著急，覺得這太可惜₆了，叫他趕快₇跳到水裡去撈₈。

可是這個人卻一點兒也不著急。他拿出一把小刀₉，在自己的座位旁邊刻了一個記號₁₀，然後對大家說：「沒關係，我在這兒刻上記號了。等船到了對岸₁₁，我只要從這個有記號的地方跳下去，就可以找到我的劍了。」

船到了岸以後，這個人就從那個有記號的地方跳到江裡，去撈他的寶劍，可是什麼也沒有撈到。

有一個老人對他說：「年輕人₁₂！雖然你的寶劍掉下去的時候你是坐在這個座位上，可是那時船在江心，你的寶劍掉在江心了！現在船已經到了岸，離江心那麼遠，你再從這個地方跳下去，怎麼能找到你的寶劍呢？」這個人聽了，才知道自己做錯了。

Vocabulary List

	Simplified Characters	Traditional Characters	Pinyin	Part of Speech	English Definition
1.	刻	刻	kè	v.	to carve
	舟	舟	zhōu	n.	boat
	求	求	qiú	v.	to look for
	剑	劍	jiàn	n.	sword
2.	船	船	chuán	n.	boat
3.	宝	寶	bǎo	adj.	valuable
4.	江心	江心	jiāngxīn	n.	middle of the river
5.	掉	掉	diào	v.	to drop, to fall
6.	可惜	可惜	kěxī	adj.	pitiful
7.	赶快	趕快	gǎnkuài	adv.	quickly
8.	捞	撈	lāo	v.	to retrieve
9.	刀	刀	dāo	n.	knife, dagger
10.	记号	記號	jìhào	n.	mark
11.	对岸	對岸	duì'àn	n.	the opposite shore
12.	年轻人	年輕	niánqīngrén	n.	young man

Questions for Discussion

Answer in Chinese:

....

I. ■■ 那个年轻人为什么在船上刻记号？

   ▦ 那個年輕人為什麼在船上刻記號？

   Why did the young man make a mark on the boat?

2. ■■ 他找到了丢失的宝剑吗？ 为什么？

   ▦ 他找到了丢失的寶劍嗎？ 為什麼？

   Did he find his lost sword? Why or why not?

Discuss in English:

....

3. Why did the man want to wait before jumping into the water?

4. Why wasn't he worried when all those around him told him to jump into the water?

5. What is the moral of this story? Do you know another idiom that teaches the same lesson?

Please see p. x of the Preface for ideas about speaking activities that can be conducted in the classroom or as part of an extracurricular performance.

10

塞翁失马 _I
塞翁失馬 _I

Sài wēng shī mǎ

An Old Man on the Frontier Loses His Horse

从前，有一个老人和他的儿子住在边境[2]上，人们都叫他"塞翁[3]"。塞翁跟村子里的人一样，养了很多马。每天早上，他和儿子都把马带到很远的地方去吃草[4]，晚上再把它们带回家来。

有一天，塞翁的一匹马不见了。他找啊找啊，找了好几天，可是找不到[5]。村里的人知道了，都觉得很可惜，大家都来安慰[6]他。可是他们到他家的时候，看到他一点也不伤心[7]。大家问他为什么不伤心。他说："马丢[8]了，我当然[9]不高兴。不过丢了就丢了吧，我觉得不要太伤心，谁知道以后会怎么样呢？"

几个月过去了，塞翁丢的那匹马自己回来了，而且还带回来几匹高大漂亮的野马[10]。村里的人为他高兴，都到他家来庆祝。可是他们到他家的时候，却看到他并不特别[11]高兴。大家问他为什么，他说："马回来了，而且还带回几匹野马，我当然高兴。可是野马不驯服[12]就卖不出去，要驯服它们又很不容易。谁知道它们会不会给我家带来什么坏[13]事呢？"

塞翁说得很对，这些野马真的很不容易驯服，驯服它们的时候，塞翁的儿子从马背[14]上掉下来，受伤[15]了，成了一个残疾[16]人。村子里的人听说塞翁的儿子受伤了，都来安慰他。可是塞翁并不特别伤心，他对大家说："我的儿子虽然受伤了，成了残疾人，但是谁知道这不是一件好事呢？"

不久，边境上发生了战争[17]，健康的[18]男人都要去打仗。塞翁的儿子因为是个残疾人，不能去，只好留在家里。打仗的时候，很多健康的男人都死了，而塞翁的儿子却因为是个残疾人，活[19]下来了。

從前，有一個老人和他的兒子住在邊境上，人們都叫他"塞翁"。塞翁跟村子裡的人一樣，養了很多馬。每天早上，他和兒子都把馬帶到很遠的地方去吃草，晚上再把它們帶回家來。

有一天，塞翁的一匹馬不見了。他找啊找啊，找了好幾天，可是找不到。村裡的人知道了，都覺得很可惜，大家都來安慰他。可是他們到他家的時候，看到他一點也不傷心。大家問他為什麼不傷心。他說："馬丟了，我當然不高興。不過丟了就丟了吧，我覺得不要太傷心，誰知道以後會怎麼樣呢？"

幾個月過去了，塞翁丟的那匹馬自己回來了，而且還帶回來幾匹高大漂亮的野馬。村裡的人為他高興，都到他家來慶祝。可是他們到他家的時候，卻看到他並不特別高興。大家問他為什麼，他說："馬回來了，而且還帶回幾匹野馬，我當然高興。可是野馬不馴服就賣不出去，要馴服它們又很不容易。誰知道它們會不會給我家帶來什麼壞事呢？"

塞翁說得很對，這些野馬真的很不容易馴服，馴服它們的時候，塞翁的兒子從馬背上掉下來，受傷了，成了一個殘疾人。村子裡的人聽說塞翁的兒子受傷了，都來安慰他。可是塞翁並不特別傷心，他對大家說："我的兒子雖然受傷了，成了殘疾人，但是誰知道這不是一件好事呢？"

不久，邊境上發生了戰爭，健康的男人都要去打仗。塞翁的兒子因為是個殘疾人，不能去，只好留在家裡。打仗的時候，很多健康的男人都死了，而塞翁的兒子卻因為是個殘疾人，活下來了。

	Simplified Characters	Traditional Characters	Pinyin	Part of Speech	English Definition
I.	塞	塞	sài	n.	border, frontier
	翁	翁	wēng	n.	elderly man
	失	失	shī	v.	to lose
	马	馬	mǎ	n.	horse
2.	边境	邊境	biānjìng	n.	border
3.	塞翁	塞翁	Sàiwēng	pn.	name of a person
4.	草	草	cǎo	n.	grass
5.	匹	疋	pǐ	mw.	measure word for horses
6.	安慰	安慰	ānwèi	v.	to comfort
7.	伤心	傷心	shāngxīn	adj.	heartbroken
8.	丢	丢	diū	v.	to lose
9.	当然	當然	dāngrán	adv.	surely
10.	野马	野馬	yěmǎ	n.	wild horse
11.	特别	特別	tèbié	adv.	specially
12.	驯服	馴服	xùnfú	v.	to tame
13.	坏	壞	huài	adj.	bad
14.	马背	馬背	mǎbèi	n.	horseback

	Simplified Characters	Traditional Characters	Pinyin	Part of Speech	English Definition
15.	受伤	受傷	shòu shāng	vo.	to be injured
16.	残疾	殘疾	cánjí	n.	disable
17.	战争	戰爭	zhànzhēng	n.	war
18.	健康的	健康的	jiànkāngde	adj.	healthy
19.	活	活	huó	v.	to be alive

讨论题
討論題

Questions for Discussion

Answer in Chinese:

....

I. ■ 塞翁丢失了马以后，他觉得怎么样?
   ▨ 塞翁丢失了馬以後，他覺得怎麼樣?

   What happened after the horse disappeared?

2. ■ 丢失了的马回来以后，他又觉得怎么样?
   ▨ 丟失了的馬回來以後，他又覺得怎麼樣?

   What happened after the lost horse returned?

3. ■ 塞翁的儿子为什么没死在战场上?
   ▨ 塞翁的兒子為什麼沒死在戰場上?

   How did the old man's son survive the war when so many young men died there?

Discuss in English:

....

4. Why was the old man not as upset as his neighbors thought he should be when he lost his horse?

5. Why was the old man not as happy as his neighbors thought he should be when his horse returned with several more horses?

6. What is the moral of this story? Do you know another idiom that teaches the same lesson?

Please see p. x of the Preface for ideas about speaking activities that can be conducted in the classroom or as part of an extracurricular performance.

II

■■ 第二章 名人轶事 ■■
第二章 名人轶事

Sayings of Important Historical Figures

11

三人行必有我师
三人行必有我師

Sān rén xíng bì yǒu wǒ shī

One Out of Every Three Must Be My Mentor

孔子是中国有名的思想家，他一共教过三千多个学生。他常常说："三人行，必有我师。"他觉得每三个人中，就有一个人可以做他的老师，因为每个人都有长处让他学习。

有一天，孔子和他的学生见到了一个国王。国王说："孔子，你是有名的大师，你能用线穿过这个珠子吗？"

孔子把珠子拿过来看了看，看见珠子中间有一个小孔，小孔又小又弯弯曲曲。他和他的学生想了很多办法，都没把线穿过去。

这时候，有一个小女孩从旁边走过。她看见孔子穿不过去，就对他说："这很容易。你把线拴在一只蚂蚁上，让蚂蚁从珠子的孔里爬过去，线就能穿过去了。"

孔子听了，赶快找了一只蚂蚁，很快就把线穿过去了。

这件事让孔子想了很久。他对学生说："你看，一个小女孩子也可以教我们，当我们的老师。我们真应该好好向每个人学习啊。"

孔子是中國有名的思想家，他一共教過三千多個學生。他常常說："三人行，必有我師。"他覺得每三個人中，就有一個人可以做他的老師，因為每個人都有長處讓他學習。

有一天，孔子和他的學生見到了一個國王。國王說："孔子，你是有名的大師，你能用線穿過這個珠子嗎？"

孔子把珠子拿過來看了看，看見珠子中間有一個小孔，小孔又小又彎彎曲曲。他和他的學生想了很多辦法，都沒把線穿過去。

這時候，有一個小女孩從旁邊走過。她看見孔子穿不過去，就對他說："這很容易。你把線拴在一隻螞蟻上，讓螞蟻從珠子的孔裡爬過去，線就能穿過去了。"

孔子聽了，趕快找了一隻螞蟻，很快就把線穿過去了。

這件事讓孔子想了很久。他對學生說："你看，一個小女孩子也可以教我們，當我們的老師。我們真應該好好向每個人學習啊。"

Vocabulary List

	Simplified Characters	Traditional Characters	Pinyin	Part of Speech	English Definition
1.	孔子	孔子	Kǒngzi	pn.	Confucius
2.	有名	有名	yǒumíng	adj.	famous
3.	思想家	思想家	sīxiǎngjiā	n.	philosopher, thinker
4.	行	行	xíng	v.	to walk
5.	长处	長處	chángchù	n.	strong points
6.	国王	國王	guówáng	n.	king
7.	线	線	xiàn	n.	thread
8.	穿过	穿過	chuānguo	vc.	to pass through
9.	珠子	珠子	zhūzi	n.	beads
10.	小孔	小孔	xiǎokǒng	n.	small holes
11.	弯弯曲曲	彎彎曲曲	wānwānqūqū	adj.	crooked
12.	拴	拴	huān	v.	to tie
13.	蚂蚁	螞蟻	mǎyǐ	n.	ant
14.	爬	爬	pá	v.	to crawl

Questions for Discussion

Answer in Chinese:

....

I. ■■ 国王要孔子做什么？ 他能做吗？

▨ 國王要孔子做什麼？ 他能做嗎？

What was Confucius asked to do by the king? Was he able to do it?

2. ■■ 孔子最后是怎样解决这个问题的？

▨ 孔子最後是怎樣解決這個問題的？

How did he eventually solve the problem?

Discuss in English:

....

3. Which Western philosophies have principles similar to those Confucius taught?

4. What impact has Confucius had on Western civilization?

_____

Please see p. x of the Preface for ideas about speaking activities that can be conducted in the classroom or as part of an extracurricular performance.

12

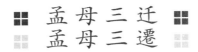

孟母三迁
孟母三遷

Mèngmú sān qiān

Mencius' Mother Moved Three Times

孟子₁是孔子的学生，也是很有名的思想家。

孟子小的时候，他家里很穷₂。他的父亲死得很早，母亲抚养₃他。孟子小时候不喜欢学习，只想玩儿，他的母亲想了很多办法来帮助他。开始他们住在一个墓地₄旁边，小孟子和别的孩子一起，学着大人哭，玩死人的事儿。孟子妈妈看了很生气，她说："这不行，我不能让我的孩子玩这个，我们不能住在这里。"

孟子和他妈妈搬家了。他们搬到一个集市旁边。孟子又和别的孩子一起，学着大人买卖东西。孟子的妈妈又说："不行，这里也不行，不适合₅我的孩子住。"

他们又搬家了。这一次他们搬到了一个学校旁边。小孟子和别的孩子一起，跟着老师学习，慢慢儿喜欢念书了。孟子的妈妈看了很高兴，说："这才是适合我儿子住的地方。"

因为孟子的母亲非常注意₆让孟子从小就接受₇好的教育₈，所以孟子长大以后成了有名的思想家。

这就是"孟母三迁"₉的故事。后来人们就用这个故事来说明₁₀只有接近₁₁好的环境₁₂，才能养成好的习惯，成为有用的人。

孟子，是孔子的學生，也是很有名的思想家。

孟子小的時候，他家裡很窮。他的父親死得很早，母親撫養他。孟子小時候不喜歡學習，只想玩兒，他的母親想了很多辦法來幫助他。開始他們住在一個墓地旁邊，小孟子和別的孩子一起，學著大人哭，玩死人的事兒。孟子媽媽看了很生氣，她說："這不行，我不能讓我的孩子玩這個，我們不能住在這裡。"

孟子和他媽媽搬家了。他們搬到一個集市旁邊。孟子又和別的孩子一起，學著大人買賣東西。孟子的媽媽又說："不行，這裡也不行，不適合我的孩子住。"

他們又搬家了。這一次他們搬到了一個學校旁邊。小孟子和別的孩子一起，跟著老師學習，慢慢兒喜歡唸書了。孟子的媽媽看了很高興，說："這才是適合我兒子住的地方。"

因為孟子的母親非常注意讓孟子從小就接受好的教育，所以孟子長大以後成了有名的思想家。

這就是"孟母三遷"的故事。後來人們就用這個故事來說明只有接近好的環境，才能養成好的習慣，成為有用的人。

Vocabulary List

Simplified Characters	Traditional Characters	Pinyin	Part of Speech	English Definition
1. 孟子	孟子	Mèngzi	pn.	Mencius
2. 穷	窮	qióng	adj.	poor
3. 抚养	撫養	fúyǎng	v.	to raise
4. 墓地	墓地	mùdì	adj.	cemetery
5. 适合	適合	shìhé	adj.	suitable
6. 注意	注意	zhùyì	v.	to pay attention to
7. 接受	接受	jiēshòu	v.	to receive
8. 教育	教育	jiàoyù	v./n.	to educate, education
9. 孟母 三迁	孟母 三遷	Mèngmú sān qiān	n.	Mencius' mother moved three times
10. 说明	說明	shūomíng	v.	show
11. 接近	接近	jiējìn	v.	to be around
12. 环境	環境	huánjìng	n.	environment

Questions for Discussion

Answer in Chinese:

....

1. ■■ 孟母为什么要三次搬家?

   ▦ 孟母為什麼要三次搬家?

   Why did Mencius' mother move three times?

2. ■■ 孟母觉得什么样的环境对儿子最合适?
   你同意吗?

   ▦ 孟母覺得什麼樣的環境對兒子最合適?
   你同意嗎?

   Which environment did the mother believe was most suitable for her son? Do you agree with her?

Discuss in English:

....

3. What do American parents do for their children's best interests?
   Do you find any differences and/or similarities between Chinese and American parents?

_____

Please see p. x of the Preface for ideas about speaking activities that can be conducted in the classroom or as part of an extracurricular performance.

13

孔 融 让 梨
孔 融 讓 梨

Kǒng Róng ràng lí

Kong Rong Offers the Best Pears to His Brothers

孔融是孔子的第二十代子孙，他跟孔子一样也是中国有名的思想家。孔融从小就是个好孩子。

孔融出生在一个大家庭里。他有五个哥哥，一个弟弟。孔融四岁的时候，有一天，爸爸给孩子们吃梨，他让孔融先拿。孔融看了看盘子里的梨，伸出手去，拿了一个最小最不好的。

爸爸看了，觉得很奇怪，就问孔融："这么多的梨，我让你先拿，你为什么只拿了一个最小的呢？"

孔融笑着说："我年纪小，应该吃小的；大的留给哥哥们吃吧。"

爸爸又问："那弟弟呢，他的年纪不是更小吗？"

孔融又说："我比弟弟大，所以应该把大的梨留给弟弟吃。"

爸爸听了，很高兴，说："孔融真是一个好孩子。"

大家都夸孔融是个有爱心的好孩子，说他真是孔子的好子孙。

孔融₁是孔子的第二十代₂子孫₃，他跟孔子一樣也是中國有名的思想家。孔融從小就是個好孩子。

孔融出生在一個大家庭裡。他有五個哥哥，一個弟弟。孔融四歲的時候，有一天，爸爸給孩子們吃梨₄，他讓孔融先拿。孔融看了看盤子裡的梨，伸出手去，拿了一個最小最不好的。

爸爸看了，覺得很奇怪，就問孔融："這麼多的梨，我讓你先拿，你為什麼只拿了一個最小的呢？"

孔融笑著說："我年紀₅小，應該吃小的；大的留給哥哥們吃吧。"

爸爸又問："那弟弟呢，他的年紀不是更小嗎？"

孔融又說："我比弟弟大，所以應該把大的梨留給弟弟吃。"

爸爸聽了，很高興，說："孔融真是一個好孩子。"

大家都誇₆孔融是個有愛心的好孩子，說他真是孔子的好子孫。

Vocabulary List

Simplified Characters	Traditional Characters	Pinyin	Part of Speech	English Definition
1. 孔融	孔融	Kǒng Róng	pn.	Kong Rong, a descendant of Confucius
2. 代	代	dài	n.	generation
3. 子孙	子孫	zǐsūn	n.	descendant
4. 梨	梨	lí	n.	pear
5. 年纪	年紀	niánji	n.	age
6. 夸	誇	kuā	v.	to praise

Questions for Discussion

Answer in Chinese:

1. ■■ 为什么<u>孔融</u>只拿了一个最小的梨？你觉得他做得对吗？

   ■ 為什麼<u>孔融</u>只拿了一個最小的梨？你覺得他做得對嗎？

   Why did Kong Rong pick the smallest pear? Does this make sense to you?

Discuss in English:

2. How are brothers and sisters supposed to treat each other in American families?

Please see p. x of the Preface for ideas about speaking activities that can be conducted in the classroom or as part of an extracurricular performance.

14

铁杵磨成针[I]
鐵杵磨成針[I]
Tiě chǔ mó chéng zhēn

Grinding Down an Iron Pestle to a Needle

大诗人李白写了很多优美的诗。直到今天，人们还是很喜欢读他的诗，说他的故事。"铁杆磨成针"是他小时候的故事。

李白小的时候一点也不喜欢念书，常常逃学，到学校外面去玩。

有一天，老师让他念书，他念到一半，又跑出去玩了。

这天很热，小李白就跑到河边去玩。他看见一位老奶奶拿着一根大铁杆在一块大石头上磨呀磨呀。老奶奶磨得很认真，满头都是汗。

小李白觉得很奇怪，就问："你在做什么呀，老奶奶？"

老奶奶一边磨着，一边说："我在磨这根铁杆呀。"

小李白觉得更奇怪了，又问："磨这个做什么啊？"

老奶奶抬起头，看了看李白说，"做一根针呀。"

"什么？！"小李白大叫起来，"你想把这么粗的铁杆磨成小小的针？！这可是要多少年的时间呀！"

"你说得很对，这是要很长的时间。可是，只要我一直磨下去，我一定能把它磨成针的。"

老人的话深深地打动了小李白，从此，他认真学习，成了一位大诗人。

后来，人们常常把"铁杆磨成针"用来说明一个人只要有认真，就一定能够成功，做到他想要做的事情。

大詩人[2]李白寫了很多優美[3]的詩[4]。直到今天，人們還是很喜歡讀他的詩，說他的故事。"鐵杵磨成針"是他小時候的故事。

李白小的時候一點也不喜歡唸書，常常逃學[5]，到學校外面去玩。

有一天，老師讓他唸書，他唸到一半，又跑出去玩了。

這天很熱，小李白就跑到河邊去玩。他看見一位老奶奶[6]拿著一根大鐵杵在一塊大石頭[7]上磨呀磨呀。老奶奶磨得很認真[8]，滿頭都是汗。

小李白覺得很奇怪，就問[9]："你在做什麼呀，老奶奶？"

老奶奶一邊磨著，一邊說："我在磨這根鐵杵呀。"

小李白覺得更奇怪了，又問："磨這個做什麼啊？"

老奶奶抬起頭，看了看李白說，"做一根針呀。"

"什麼？！"小李白大叫[10]起來，"你想把這麼粗的鐵杵磨成小小的針？！這可是要多少年的時間呀！"

"你說得很對，這是要很長的時間。可是，只要我一直磨下去，我一定能把它磨成針的。"

老人的話深深地[11]打動[12]了小李白，從此，他認真學習，成了一位大詩人。

後來，人們常常把"鐵杵磨成針"用來說明一個人只要有認真，就一定能夠成功[13]，做到他想要做的事情。

Vocabulary List

Simplified Characters	Traditional Characters	Pinyin	Part of Speech	English Definition
1. 铁杵磨成针	鐵杵磨成針			
铁杵	鐵杵	tiě chǔ	n.	iron pestle
磨	磨	mó	v.	to grind
针	針	zhēn	n.	needle
2. 诗人	詩人	shīrén	n.	poet
3. 优美	優美	yōuměi	adj.	beautiful, elegant
4. 诗	詩	shī	n.	poem
5. 逃学	逃學	táoxué	vo.	to play truant
6. 老奶奶	老奶奶	lǎo nǎinai	n.	grandmother, elderly woman
7. 石头	石頭	shítou	n.	stone
8. 认真	認真	rènzhēn	adv.	seriously, diligently
9. 汗	汗	hàn	n.	sweat
10. 大叫	大叫	dàjiào	v.	to yell
11. 深深地	深深地	shēnshen de	adv.	deeply
12. 打动	打動	dǎdòng	vc.	to be moved
13. 成功	成功	chénggōng	v.	to succeed

swer in Chinese:

老师要小<u>李白</u>念书的时候，他做什么去了？
老師要小<u>李白</u>唸書的時候，他做什麼去了？

little Li Bai's teacher told him to read, what did he do?

个老奶奶在做什么？
老奶奶在做什麼？

old woman doing?

Bai change his attitude toward school?

story true? Why?

ure are similar to this one?

at can be conducted in the classroom or as part

15

负 荆 请 罪 _I

負 荊 請 罪 _I

Fù jīng qǐng zuì

Bringing a Birch and Begging for a Flogging

廉颇是赵国的大将军。他打过很多胜仗，立过很多功劳。赵国的国王很喜欢他，所以廉颇很骄傲。后来，一位叫蔺相如的人也帮赵国作了很多大事，立了很多功劳，赵王也很喜欢他，让他作了官，官比廉颇将军还大。

廉颇很不高兴，他说："我是赵国的大将军，打了很多胜仗，立了很多功劳。蔺相如的官还比我的大。哼！我要是见到蔺相如，就要对他不客气！"

廉颇的话蔺相如听到了，他就很小心，到处躲着廉颇。

有一天，蔺相如看见廉颇来了，就到旁边去躲一躲，让廉颇先走。

蔺相如的仆人很生气，他们都说蔺相如不应该这么怕廉颇。

蔺相如听了，笑着问他们："你们看廉颇将军和秦国的国王，哪一个更可怕？"

仆人们说："那当然是秦王的国王更可怕了。"

蔺相如说："对呀！秦王的国王那么可怕，人人都怕他，可是我不怕。那为什么我怕廉颇将军呢？因为秦国不来进攻赵国，就是因为有我和廉颇将军。要是我们两个人不和，秦国就会来进

廉頗是趙國的大將軍[2]。他打過很多勝仗[3]，立[4]過很多功勞[5]。趙國的國王很喜歡他，所以廉頗很驕傲[6]。後來，一位叫藺相如的人也幫趙國作了很多大事，立了很多功勞，趙王也很喜歡他，讓他作了官[7]，官比廉頗將軍還大。

廉頗很不高興，他說："我是趙國的大將軍，打了很多勝仗，立了很多功勞。藺相如的官還比我的大。哼！我要是見到藺相如，就要對他不客氣！"

廉頗的話藺相如聽到了，他就很小心，到處躲[8]著廉頗。

有一天，藺相如看見廉頗來了，就到旁邊去躲一躲，讓廉頗先走。

藺相如的僕人很生氣，他們都說藺相如不應該這麼怕廉頗。

藺相如聽了，笑著問他們："你們看廉頗將軍和秦國[9]的國王，哪一個更可怕[10]？"

僕人們說："那當然是秦王的國王更可怕了。"

藺相如說："對呀！秦王的國王那麼可怕，人人都怕他，可是我不怕。那為什麼我怕廉頗將軍呢？因為秦國不來進攻趙國，就是因為有我和廉頗將軍。要是我們兩個人不和[11]，秦國就會來進攻。我躲着廉颇将军，不是怕他，而是为了我们的国家啊。"

后来，有人告诉了廉颇这些话。廉颇听了以后，想了很久，知道自己错了。他就背着一根很粗的荆条，到蔺相如家里去请罪。廉颇见了蔺相如就说："我错了，我太骄傲了。您为了国家，对我这么好。请您用这根荆条打我吧。"

蔺相如赶快把荆条从廉颇背上拿下来，说："廉颇将军不要这样。我们两个人都是赵国的大将军，应该一起为国家服务。您能够理解₁₂我，我已经很高兴了，怎么还能让您来给我道歉₁₃呢。"

就这样，他们成了最好的朋友，一起为赵国立了很多功劳。

"负荆请罪"就是说，知道自己错了，就去向别人道歉。

攻。我躲著廉頗將軍，不是怕他，而是為了我們的國家啊。"

後來，有人告訴了廉頗這些話。廉頗聽了以後，想了很久，知道自己錯了。他就背著一根很粗的荊條，到藺相如家裡去請罪。廉頗見了藺相如就說："我錯了，我太驕傲了。您為了國家，對我這麼好。請您用這根荊條打我吧。"

藺相如趕快把荊條從廉頗背上拿下來，說："廉頗將軍不要這樣。我們兩個人都是趙國的大將軍，應該一起為國家服務。您能夠理解₁₂我，我已經很高興了，怎麼還能讓您來給我道歉₁₃呢。"

就這樣，他們成了最好的朋友，一起為趙國立了很多功勞。

"負荊請罪"就是說，知道自己錯了，就去向別人道歉。

Vocabulary List

Simplified Characters	Traditional Characters	Pinyin	Part of Speech	English Definition
1. 负荆请罪 负荆	負荊請罪 負荊	fù jīng	vo.	to carry a birch
请罪	請罪	qǐng zuì	vo.	to ask for punishment
2. 将军	將軍	jiāngjūn	n.	military general
3. 胜仗	勝仗	shèng zhàng	n.	triumphant battles
4. 立	立	lì	v.	to render
5. 功劳	功勞	gōngláo	n.	meritorious service
6. 骄傲	驕傲	jiāo'ào	adj.	arrogant
7. 官	官	guān	n.	government official
8. 躲	躲	duǒ	v.	to hide, to avoid
9. 秦国	秦國	Qín Guó	pn.	State of Qin
10. 可怕	可怕	kěpà	adj.	terrifying
11. 不和	不和	bùhé	adj.	to not get along
12. 理解	理解	lǐjiě	v.	to understand
13. 道歉	道歉	dàoqiàn	v.	to apologize

Questions for Discussion

Answer in Chinese:

1. ■■ 廉颇为什么要对蔺相如不客气?

   ▦ 廉頗為什麼要對蔺相如不客氣?

   Why did Lian Po get upset and decide to humiliate his colleague Lin Xiangru?

2. ■■ 廉颇为什么后来去向蔺相如负荆请罪呢?

   ▦ 廉頗為什麼後來去向蔺相如負荊請罪呢?

   What made Lian Po change his mind and ask for punishment instead?

Discuss in English:

3. What does this story tell you about love for one's country?

4. In your opinion, which one of the two historical figures is more admirable? Why?

Please see p. x of the Preface for ideas about speaking activities that can be conducted in the classroom or as part of an extracurricular performance.

16

曹冲称象
曹冲稱象

Cáo Chōng chēng xiàng

Cao Chong Weighs an Elephant

曹冲是曹操的最小的儿子，他从小就很聪明。

有一次，有人送给曹操一只大象。曹操很高兴，就问他的官员："你们谁知道这只大象有多重₂吗？"他们互相看了看，谁也不知道她有多重。

曹操又问他们："你们谁有办法把大象称一称？"这可是太难了。大象是最大的动物。那时候没有那么大的秤₃，怎么称呢？官员们围₄着大象看来看去，都不知道怎么办。

这时候，一个小孩子跑出来，对大家说："我有办法，我有办法！"大家一看，是曹操的小儿子曹冲，心里就想："大人都想不出办法来，一个五岁的小孩子，会有什么办法？"

他爸爸笑着说："好！你有办法，快说出来给大家听听。"曹冲说："我称给你们看，你们就知道了。"

小曹冲叫人牵₅着大象，跟他一起到河边去。他的爸爸，还有那些官员们都想看看他怎么称大象，就也去了河边。

河里有一只大船，曹冲说："把大象牵到船上去。"大象上了船，船就往下沉₆了一些。曹冲说："齐₇着水面₈在船边上做一个记号。"

记号做好了以后，曹冲又叫人把大象牵上岸来。这时候大船空着，大船就往上浮₉起一些来。

曹沖是曹操的最小的兒子，他從小就很聰明。

有一次，有人送給曹操一隻大象。曹操很高興，就問他的官員：“你們誰知道這隻大象有多重₂嗎？”他們互相看了看，誰也不知道她有多重。

曹操又問他們：“你們誰有辦法把大象稱一稱？”這可是太難了。大象是最大的動物。那時候沒有那麼大的秤₃，怎麼稱呢？官員們圍₄著大象看來看去，都不知道怎麼辦。

這時候，一個小孩子跑出來，對大家說：“我有辦法，我有辦法！”大家一看，是曹操的小兒子曹沖，心裡就想：“大人都想不出辦法來，一個五歲的小孩子，會有什麼辦法？”

他爸爸笑著說：“好！你有辦法，快說出來給大家聽聽。”曹沖說：“我稱給你們看，你們就知道了。”

小曹沖叫人牽₅著大象，跟他一起到河邊去。他的爸爸，還有那些官員們都想看看他怎麼稱大象，就也去了河邊。

河裡有一隻大船，曹沖說：“把大象牽到船上去。”大象上了船，船就往下沉₆了一些。曹沖說：“齊₇著水面₈在船邊上做一個記號。”

記號做好了以後，曹沖又叫人把大象牽上岸來。這時候大船空著，大船就往上浮₉起一些來。

大家看着，一会儿把大象牵上船，一会儿又把大象牵下船，心里都说："这孩子在做什么呀？"

然后，小曹冲又叫人拿了很多石头，放到船里去，大船又开始慢慢地往下沉了。

"好了，好了！"曹冲看见船边上的记号齐水面了，就叫人把石头拿下船来，放在秤上称。

大家还是不知道曹冲在做什么，小曹冲笑着说："石头和大象放进船里以后，船边上的记号都齐水面了，那么，石头和大象就是一样重了。如果我们把这些石头都称一称，不就是大象的重量$_{10}$了吗？"

大家听了，都夸曹冲，说："这办法听起来虽然简单$_{11}$，可是大人还没想到呢。他年纪这么小，就知道怎样称大象。真是个聪明的好孩子！"

大家看著，一會兒把大象牽上船，一會兒又把大象牽下船，心裡都說：「這孩子在做什麼呀？」

然後，小<u>曹沖</u>又叫人拿了很多石頭，放到船裡去，大船又開始慢慢地往下沉了。

「好了，好了！」<u>曹沖</u>看見船邊上的記號齊水面了，就叫人把石頭拿下船來，放在秤上稱。

大家還是不知道<u>曹沖</u>在做什麼，小<u>曹沖</u>笑著說：「石頭和大象放進船裡以後，船邊上的記號都齊水面了，那麼，石頭和大象就是一樣重了。如果我們把這些石頭都稱一稱，不就是大象的重量₁₀了嗎？」

大家聽了，都誇<u>曹沖</u>，說：「這辦法聽起來雖然簡單₁₁，可是大人還沒想到呢。他年紀這麼小，就知道怎樣稱大象。真是個聰明的好孩子！」

Vocabulary List

	Simplified Characters	Traditional Characters	Pinyin	Part of Speech	English Definition
1.	称	稱	chēng	v.	to weigh
2.	多重	多重	duōzhòng	n.	how heavy...?
3.	秤	秤	chèng	n.	scale
4.	围	圍	wéi	v.	to surround
5.	牵	牽	qiān	v.	to lead along
6.	沉	沉	chén	v.	to sink
7.	齐	齊	qí	v.	to be on a level with
8.	水面	水面	shuǐmiàn	n.	the water's surface
9.	浮	浮	fú	v.	to float
10.	重量	重量	zhòngliàng	n.	weight
11.	简单	簡單	jiāndān	adj.	simple

Questions for Discussion

Answer in Chinese:

....

I. ■■ 曹冲的爸爸要他的官员们给他解决一个什么
问题?

▦ 曹冲的爸爸要他的官員們給他解決一個什麼
問題?

What problem did Cao Chong's father ask his subordinates to solve?

2. ■■ 谁最后解决了这个问题? 他是做了什么?

▦ 誰最後解決了這個問題? 他是做了什麼?

Who solved the problem? What did he do?

Discuss in English:

....

3. How would you solve the problem without using a scale?

4. Can you think of any similar story in Western history?

Please see p. x of the Preface for ideas about speaking activities that can be conducted in the classroom or as part of an extracurricular performance.

17

司马光砸缸 _I
司馬光砸缸 _I

Sīmǎ Guāng zá gāng

Breaking the Water Vat to Save a Life

司马光很小的时候就很喜欢学习。他常常专心[2]读书，有时候连吃饭喝水都忘记了。司马光不但很喜欢学习，而且还很聪明，勇敢[3]。有一个故事特别有名，到今天人们都还记得。

司马光七岁的时候，有一次，他跟小朋友们在家里捉迷藏[4]。他家里放着一口大水缸，水缸里装满[5]了水。

有一个小朋友快要被捉住[6]了，就赶快爬到水缸上面去。可是，一不小心，他掉到水缸里去了。

水缸很大，水很深，那孩子在里面又喊[7]又叫，就要沉下去了。

别的孩子看到了，怕极了，一起大哭起来。有的往外面跑，去找爸爸妈妈来帮忙。

小司马光看到水缸里的孩子快要沉下去了，如果等大人来救[8]，就会太晚了。他想了想，就从地上找来一块大石头，往水缸上面砸了过去。

只听见"砰[9]"的一声，水缸被砸破[10]了，缸里的水很快流了出来，掉到缸里的小孩也就救出来了。

小孩的爸爸妈妈知道了这件事情，非常感激[11]司马光，对他说："你真是个聪明勇敢的好孩子，救了我们的儿子。"

直到今天，大家还很佩服[12]他，说他这么小小的年纪就这么聪明勇敢。

司馬光很小的時候就很喜歡學習。他常常專心 $_2$ 讀書，有時候連吃飯喝水都忘記了。司馬光不但很喜歡學習，而且還很聰明，勇敢 $_3$。有一個故事特別有名，到今天人們都還記得。

司馬光七歲的時候，有一次，他跟小朋友們在家裡捉迷藏 $_4$。他家裡放著一口大水缸，水缸裡裝滿 $_5$ 了水。

有一個小朋友快要被捉住 $_6$ 了，就趕快爬到水缸上面去。可是，一不小心，他掉到水缸裡去了。

水缸很大，水很深，那孩子在裡面又喊 $_7$ 又叫，就要沉下去了。

別的孩子看到了，怕極了，一起大哭起來。有的往外面跑，去找爸爸媽媽來幫忙。

小司馬光看到水缸裡的孩子快要沉下去了，如果等大人來救 $_8$，就會太晚了。他想了想，就從地上找來一塊大石頭，往水缸上面砸了過去。

只聽見 "砰 $_9$" 的一聲，水缸被砸破 $_{10}$ 了，缸裡的水很快流了出來，掉到缸裡的小孩也就救出來了。

小孩的爸爸媽媽知道了這件事情，非常感激 $_{11}$ 司馬光，對他說："你真是個聰明勇敢的好孩子，救了我們的兒子。"

直到今天，大家還很佩服 $_{12}$ 他，說他這麼小小的年紀就這麼聰明勇敢。

Vocabulary List

Simplified Characters	Traditional Characters	Pinyin	Part of Speech	English Definition
1. 司马光砸缸	司馬光砸缸			
砸	砸	zá	v.	to break with force
缸	缸	gāng	n.	vat
2. 专心	專心	zhuānxīn	adj.	wholly absorbed
3. 勇敢	勇敢	yǒnggǎn	adj.	brave
4. 捉迷藏	捉迷藏	zhuō mícáng	v.	to play hide-and-seek
5. 装满	裝滿	zhuāng mǎn	vc.	to be fully loaded
6. 捉住	捉住	zhuōzhù	vc.	to be caught
7. 喊	喊	hǎn	v.	to scream
8. 救	救	jiù	v.	to rescue
9. 砰	砰	pēng	on.	the sound of a bang
10. 破	破	pò	v.	to break
11. 感激	感激	gǎnjī	v.	to feel grateful
12. 佩服	佩服	pèifu	v.	to admire

⠿ 讨论题 ⠿
⠿ 討論題 ⠿

Questions for Discussion

Answer in Chinese:

....

1. ⠿ 故事开始时出了什么事故了？
   ⠿ 故事開始時出了什麼事故了？

   What accident happened?

2. ⠿ 小<u>司马光</u>是怎样救出那个小朋友的？
   ⠿ 小<u>司馬光</u>是怎樣救出那個小朋友的？

   What did little Sima Guang do to solve the problem?

Discuss in English:

....

3. What would you do under such circumstances? Could you find an
   alternative way to save the drowning child?

Please see p. x of the Preface for ideas about speaking activities that can be conducted in the classroom or as part
of an extracurricular performance.

III

第三章 神话故事
第三章 神話故事

Myths and Fantasies

18

精卫填海 I
精衛填海 I

Jīngwèi tián hǎi

Bird Jingwei Fills Up the Sea

传说，很久以前，有一个炎帝，他有一个又聪明又可爱的女儿，叫女娲。炎帝很爱他的女儿，可是他天天很忙，没有时间跟她一起玩儿。女娲就常常自己一个人坐着小船，到各地去玩儿。她去了很多有意思的地方。有一天，她想到很远的地方去看看。可是，这一天海上刮起了大风，下起了大雨，海浪像小山一样，把她的船打翻了。就这样，女娲被大海淹死了，再也回不来了。炎帝很伤心，常常哭着，叫着女儿的名字。

女娲虽然淹死了，可是她的灵魂变成了一只可爱的小鸟。它一边飞，一边叫着，"精卫、精卫，"所以，人们都把它叫做"精卫。"

精卫仇恨大海，因为它淹死了自己，从此不能跟爸爸妈妈在一起了，让爸爸妈妈很伤心。她要报仇，要把大海填平！因此，她找来一粒粒小石头，和一根根小树枝，一直飞到大海，把石子和树枝投下去。她天天这样，飞个不停，一定要把大海填平。

大海笑她，说："小鸟，你那么小，每天投下这么一点点，你投一万年，也不能把我填平啊。"

精卫回答说："一万年，就是一百万年，我也一定要把你填平！"

大海又问："那你为什么一定要把我填平呢？"

精卫说："因为你淹死了我，你以后还会淹死很多别的人，所以我一定要把你填平！"

人们都很佩服精卫，觉得她又坚强又有毅力，一定能成功。

傳說，很久以前，有一個炎帝，他有一個又聰明又可愛的女兒，叫女娃。炎帝很愛他的女兒，可是他天天很忙，沒有時間跟她一起玩兒。女娃就常常自己一個人坐著小船，到各地去玩兒。她去了很多有意思的地方。有一天，她想到很遠的地方去看看。可是，這一天海上刮起了大風，下起了大雨，海浪像小山一樣，把她的船打翻了。就這樣，女娃被大海淹死了，再也回不來了。炎帝很傷心，常常哭著，叫著女兒的名字。

女娃雖然淹死了，可是她的靈魂變成了一隻可愛的小鳥。它一邊飛，一邊叫著，"精衛、精衛，"所以，人們都把它叫做"精衛。"

精衛仇恨大海，因為它淹死了自己，從此不能跟爸爸媽媽在一起了，讓爸爸媽媽很傷心。她要報仇，要把大海填平！因此，她找來一粒粒小石頭，和一根根小樹枝，一直飛到大海，把石子和樹枝投下去。她天天這樣，飛個不停，一定要把大海填平。

大海笑她，說："小鳥，你那麼小，每天投下這麼一點點，你投一萬年，也不能把我填平啊。"

精衛回答說："一萬年，就是一百萬年，我也一定要把你填平！"

大海又問："那你為什麼一定要把我填平呢？"

精衛說："因為你淹死了我，你以後還會淹死很多別的人，所以我一定要把你填平！"

人們都很佩服精衛，覺得她又堅強又有毅力，一定能成功。

Vocabulary List

Simplified Characters	Traditional Characters	Pinyin	Part of Speech	English Definition
1. 精卫填海	精衛填海			
填	填	tián	v.	to fill up
海	海	hǎi	n.	sea
2. 传说	傳說	chuánshuō	n.	legend
3. 海浪	海浪	hǎilàng	n.	sea waves
4. 打翻	打翻	dǎfān	v.	to be capsized
5. 淹死	淹死	yānsǐ	v.	to be drowned
6. 灵魂	靈魂	línghún	n.	soul, spirit
7. 变	變	biàn	v.	to change, to transform
8. 鸟	鳥	niǎo	n.	bird
9. 仇恨	仇恨	chóuhèn	v.	to hate
10. 报仇	報仇	bào chóu	vo.	to avenge
11. 填平	填平	tián píng	vc.	to be filled up
12. 粒	粒	lì	mw.	measure word for grains
13. 根	根	gēn	mw.	measure word for long, slender objects

	Simplified Characters	Traditional Characters	Pinyin	Part of Speech	English Definition
14.	树枝	樹枝	shùzhī	n.	branch
15.	投	投	tóu	v.	to throw
16.	停	停	tíng	v.	to stop
17.	坚强	堅強	jiānqiǎng	adj.	strong
18.	毅力	毅力	yìlì	n.	perseverance

Questions for Discussion

Answer in Chinese:

....

1. ■■ <u>女娲</u>有一天坐船出海发生了什么？

   ▪▪ <u>女娃</u>有一天坐船出海發生了什麼？

   What happened to Nuwa one day when she was in a boat on the sea?

2. ■■ 小鸟<u>精卫</u>做什么？ 为什么？

   ▪▪ 小鳥<u>精衛</u>做什麼？ 為什麼？

   What did Bird Jingwei want to do? Why?

Discuss in English:

....

3. Is there any story like this in Western mythology? If so, what are the differences and similarities between the stories?

_____

Please see p. x of the Preface for ideas about speaking activities that can be conducted in the classroom or as part of an extracurricular performance.

19

女娲补天 _I
女媧補天 _I

Nǚwā bǔ tiān

Goddess Nuwa Mends the Sky

传说很久很久以前，中国有一位美丽的女神，她的名字叫女娲。女娲是一位很善良的神，她为人们做了很多好事。她创造了人，又教会他们结婚生孩子。可是，最让人们感动的，是她补天的故事。

有一天，水神和火神打起来了。他们从天上一直打到地下，把天打破了，上面出了一个很大的洞。天破了以后，它很快就塌下来了，地也裂开了，到处都是大火，水也从地下喷出来了。很多人都病了，死了。

女娲看见了，心里很着急，也很伤心。她一定要为人们再做一件大事，那就是把塌下来的天补好！女娲找来了各种颜色的石头，用火把它们变成了石浆，再用这种石浆把天上的洞补好。然后，女娲再用大龟的脚，把塌下来的天支撑起来了。

女娲就这样一直忙着，她先把天补好，再把地填平了，然后又把火和水都停了。人们又可以快乐地生活了。但是女娲累病了。人们都去看她，为她的病着急。可是，女娲笑着说："我病了没关系，只要我能帮助大家，让你们过得快乐，我就高兴了。"

因此，人们都很感激女娲，希望她的病快点好起来，可是女娲还是病死了。她死了以後，人们常常想着她，感谢她为大家作了那么多好事情。在人们的心中，女娲永远是一位美丽善良的女神。

傳說很久很久以前，中國有一位美麗的女神[2]，她的名字叫女娲。女娲是一位很善良[3]的神，她為人們做了很多好事。她創造[4]了人，又教會他們結婚[5]生孩子。可是，最讓人們感動[6]的，是她補天的故事。

有一天，水神[7]和火神[8]打起來了。他們從天上一直打到地下，把天打破了，上面出了一個很大的洞[9]。天破了以後，它很快就塌[10]下來了，地也裂開[11]了，到處都是大火，水也從地下噴[12]出來了。很多人都病了，死了。

女娲看見了，心裡很著急，也很傷心。她一定要為人們再做一件大事，那就是把塌下來的天補好！女娲找來了各種顏色的石頭，用火把它們變成了石漿[13]，再用這種石漿把天上的洞補好。然後，女娲再用大龜的腳，把塌下來的天支撐[14]起來了。

女娲就這樣一直忙著，她先把天補好，再把地填平了，然後又把火和水都停了。人們又可以快樂地生活[15]了。但是女娲累病了。人們都去看她，為她的病著急。可是，女娲笑著說："我病了沒關係，只要我能幫助大家，讓你們過得快樂，我就高興了。"

因此，人們都很感激女娲，希望她的病快點好起來，可是女娲還是病死了。她死了以後，人們常常想著她，感謝她為大家作了那麼多好事情。在人們的心中，女娲永遠[16]是一位美麗善良的女神。

Vocabulary List

Simplified Characters	Traditional Characters	Pinyin	Part of Speech	English Definition
1. 女娲补天	女媧補天			
补	補	bǔ	v.	to mend
天	天	tiān	n.	sky
2. 女神	女神	nǚshén	n.	goddess
3. 善良	善良	shànliáng	adj.	good and honest, kind-hearted
4. 创造	創造	chuàngzào	v.	to create
5. 结婚	結婚	jiéhūn	v.	to get married
6. 感动	感動	gǎndòng	v.	to be moved, to be touched
7. 水神	水神	shuǐshén	n.	the god of water
8. 火神	火神	huǒshén	n.	the god of fire
9. 洞	洞	dòng	n.	hole
10. 塌	塌	tā	v.	to fall
11. 裂开	裂開	lièkāi	v.	to split open
12. 喷	噴	pēn	v.	to gush
13. 浆	漿	jiāng	n.	thick liquid, paste
14. 支撑	支撐	zhīchēng	v.	to prop up
15. 生活	生活	shēnghuó	v.	to live
16. 永远	永遠	yǒngyuǎn	adv.	everlastingly

Answer in Chinese:

....

1. ▦ <u>女娲</u>为人们做了哪几件大事?

   ▦ <u>女媧</u>為人們做了哪幾件大事?

   What did the Goddess Nuwa do to help her people?

2. ▦ <u>女娲</u>是怎样补天的?

   ▦ <u>女媧</u>是怎樣補天的?

   How did Nuwa mend the broken sky?

Discuss in English:

....

3. Do you know any kind and beautiful goddess like Nuwa in your culture?

Please see p. x of the Preface for ideas about speaking activities that can be conducted in the classroom or as part of an extracurricular performance.

20

盘 古 开 天 地
盤 古 開 天 地

Pángǔ kāi tiāndì

Pangu Creates the Universe

很久很久以前，天和地合在一起。宇宙就像一个大鸡蛋，里面黑黑的，没有上下左右，也没有东南西北。可是，这个鸡蛋里睡着一个大英雄，他就是盘古。

盘古在这个大鸡蛋里睡了一万八千年。有一天，他醒过来了，往四面看看，可是到处都是黑黑的，什么也看不见。鸡蛋里面不但很黑，而且又闷又热。盘古想站起来，可是鸡蛋包着他的身体，他一下都不能动。

盘古觉得很不舒服，他到处摸摸，找到了一把大斧子。他用力挥动斧子，只听见"砰"的一声，大鸡蛋裂开了，里面轻的东西往上升，变成了天，重的东西，往下掉，变成了地。从那以后，宇宙就不再是一个大鸡蛋了，而是有了天和地。

盘古打开了天和地，他高兴极了。他的头顶着天，脚踩着地，支撑着天和地。盘古又高又大，而且每天都长高一丈。他每长一丈，天就升高一丈，地也就增厚一丈。就这样，天变得越来越高越高，地也变得越来越厚。

盘古就这样站着，过了一万八千年以后，他累极了，所以躺下来，闭上了眼睛，可是他就再也醒不过来了。盘古死了以后，他的身体变成了高山，血液变成了大河，毛发也变成了花草和树木。

人们感激盘古打开了天和地，又把自己的身体变成了美丽的山河。所以，在人们的心中，他永远是一个大英雄。

很久很久以前，天和地合在一起。宇宙就像一個大雞蛋，裡面黑黑的，沒有上下左右，也沒有東南西北。可是，這個雞蛋裡睡著一個大英雄，他就是盤古。

盤古在這個大雞蛋裡睡了一萬八千年。有一天，他醒過來了，往四面看看，可是到處都是黑黑的，什麼也看不見。雞蛋裡面不但很黑，而且又悶又熱。盤古想站起來，可是雞蛋包著他的身體，他一下都不能動。

盤古覺得很不舒服，他到處摸摸，找到了一把大斧子。他用力揮動斧子，只聽見"砰"的一聲，大雞蛋裂開了，裡面輕的東西往上升，變成了天，重的東西，往下掉，變成了地。從那以後，宇宙就不再是一個大雞蛋了，而是有了天和地。

盤古打開了天和地，他高興極了。他的頭頂著天，腳踩著地，支撐著天和地。盤古又高又大，而且每天都長高一丈。他每長一丈，天就升高一丈，地也就增厚一丈。就這樣，天變得越來高越高，地也變得越來越厚。

盤古就這樣站著，過了一萬八千年以後，他累極了，所以躺下來，閉上了眼睛，可是他就再也醒不過來了。盤古死了以後，他的身體變成了高山，血液變成了大河，毛髮也變成了花草和樹木。

人們感激盤古打開了天和地，又把自己的身體變成了美麗的山河。所以，在人們的心中，他永遠是一個大英雄。

Vocabulary List

Simplified Characters	Traditional Characters	Pinyin	Part of Speech	English Definition
1. 合	合	hé	v.	to join, to combine
2. 宇宙	宇宙	yǔzhòu	n.	universe, cosmos
3. 鸡蛋	雞蛋	jīdàn	n.	egg
4. 英雄	英雄	yīngxióng	n.	hero
5. 醒	醒	xǐng	v.	to wake up
6. 包	包	bāo	v.	to envelop
7. 斧子	斧子	fǔzi	n.	axe, hatchet
8. 挥动	揮動	huīdòng	v.	to brandish
9. 轻	輕	qīng	adj.	light
10. 升	升	shēn	v.	to lift
11. 顶	頂	dǐng	v.	to prop up, to push up
12. 踩	踩	cǎi	v.	to step on
13. 丈	丈	zhàng	mw.	a unit of length equal to 3 1/3 meters
14. 增厚	增厚	zēnghòu	vc.	to become thick
15. 血液	血液	xuèyè	n.	blood
16. 毛发	毛髮	máofà	n.	hair
17. 花草	花草	huācǎo	n.	flowers and grass
18. 树木	樹木	shùmù	n.	trees

Questions for Discussion

Answer in Chinese:

....

1. ■■ 很久很久以前，天和地是什么样儿的？
   ■■ 很久很久以前，天和地是什麼樣兒的？

   In Chinese mythology, what did the universe look like in the beginning?

2. ■■ <u>盘古</u>是怎样打开天和地的？
   ■■ <u>盤古</u>是怎樣打開天和地的？

   What did Pangu do to create the universe?

Discuss in English:

....

3. Discuss stories about the creation of the universe told in other cultures.

Please see p. x of the Preface for ideas about speaking activities that can be conducted in the classroom or as part of an extracurricular performance.

21

大禹治水 I
大禹治水 I

Dà Yú zhì shuǐ

Da Yu Controls the Great Flood

传说很多很多年以前，中国常常发生大水。发大水的时候，人们的房子塌了，田被淹了，很多人也都被淹死了。大禹的父亲跟人们一起，想办法去治这些大水，可是没有成功。大禹长大了以后，觉得一定要像父亲一样，去为大家治水，让人们快乐地生活。

大禹是一个又认真又聪明的人。他治水以前，先想想父亲以前是怎样治水的，然后就自己到很多大河去考察₂，看看那里的情况₃，再和人们一起讨论₄。大禹考察完了以后，对大河的情况作了认真研究₅，就带着大家开始治水了。治水的人工作得很认真，也很辛苦，有时候连饭都吃不饱，可还是一直工作到半夜。大禹的腿都累肿₆了，但还是不停下来，一直努力地工作。

就这样₆，大禹跟人们一起努力治水。他工作得太认真了，很多年都没有回家。有好几次他路过自己家的门口，但是没有进去。

第一次大禹路过家门口的时候，他的妻子要生孩子了，人们都要他进去看一看，可是大禹说："治水还没有成功，我怎么能回家呢？"第二次路过家门口的时候，大禹怕影响₇治水，还是没有进去。又有一次，大禹的妻子在家门口看见了他，高兴极了，要他回家去看看孩子，可是他还是没有进去。就这样，大禹把他的时间都用来治水了，他的孩子长大了以后，都不认识爸爸了。

十多年以后，大禹治水成功了！大河再也不会发大水了，人们都快快乐乐地生活。大禹还教人们种稻子₈，养鸡养鱼。人们的生活越来越好，大家都很感激大禹。直到今天，人们还常常跟孩子们说大禹治水的故事，要他们长大以后，像他一样认真努力地工作。

傳說很多很多年以前，中國常常發生大水。發大水的時候，人們的房子塌了，田被淹了，很多人也都被淹死了。大禹的父親跟人們一起，想辦法去治這些大水，可是沒有成功。大禹長大了以後，覺得一定要像父親一樣，去為大家治水，讓人們快樂地生活。

大禹是一個又認真又聰明的人。他治水以前，先想想父親以前是怎樣治水的，然後就自己到很多大河去考察₂，看看那裡的情況₃，再和人們一起討論₄。大禹考察完了以後，對大河的情況作了認真研究₅，就帶著大家開始治水了。治水的人工作得很認真，也很辛苦，有時候連飯都吃不飽，可還是一直工作到半夜。大禹的腿都累腫₆了，但還是不停下來，一直努力地工作。

就這樣，大禹跟人們一起努力治水。他工作得太認真了，很多年都沒有回家。有好幾次他路過自己家的門口，但是沒有進去。

第一次大禹路過家門口的時候，他的妻子要生孩子了，人們都要他進去看一看，可是大禹說："治水還沒有成功，我怎麼能回家呢？"第二次路過家門口的時候，大禹怕影響₇治水，還是沒有進去。又有一次，大禹的妻子在家門口看見了他，高興極了，要他回家去看看孩子，可是他還是沒有進去。就這樣，大禹把他的時間都用來治水了，他的孩子長大了以後，都不認識爸爸了。

十多年以後，大禹治水成功了！大河再也不會發大水了，人們都快快樂樂地生活。大禹還教人們種稻子₈，養雞養魚。人們的生活越來越好，大家都很感激大禹。直到今天，人們還常常跟孩子們說大禹治水的故事，要他們長大以後，像他一樣認真努力地工作。

Vocabulary List

	Simplified Characters	Traditional Characters	Pinyin	Part of Speech	English Definition
1.	治水	治水	zhìshuǐ	vo.	to control the great flood
2.	考察	考察	kǎochá	v.	to inspect
3.	情况	情況	qíngkuàng	n.	situation, condition
4.	讨论	討論	tǎolùn	v.	to discuss
5.	研究	研究	yánjiū	v.	to study, to research
6.	肿	腫	zhǒng	adj.	swollen
7.	影响	影響	yǐngxiǎng	v.	to affect
8.	稻子	稻子	dàozi	n.	rice, paddy

Answer in Chinese:

....

1. ■■ <u>大禹</u>是怎样治水的?

   ▦ <u>大禹</u>是怎樣治水的?

   What did Da Yu do to deal with the great flood?

2. ■■ 为什么他的孩子们不认识他?

   ▦ 為什麼他的孩子們不認識他?

   Why couldn't his children recognize him?

Discuss in English:

....

3. Do you know any similar figure or story in your culture?

_____

Please see p. x of the Preface for ideas about speaking activities that can be conducted in the classroom or as part of an extracurricular performance.

22

夸父追日
誇父追日

Kuà Fù zhuī rì

Kua Fu Chases the Sun

很久很久以前，在中国的北部有一座高山，山上住着很多巨人₂。他们的首领₃最高最大，人很善良，也很勤劳勇敢，他的名字叫夸父₃。

有一年，天气₄很热很热，太阳像火一样，树木都死了，大河也干了。很多人都热死了，渴死了。夸父看了，心里很难过₅。他抬起头看看天上的太阳，说："太阳太阳，你太坏₆了！我一定要追上你，把你捉住₇，让你听我们的话。"

人们听了，都说："你不能去呀，太阳离我们那么远，你怎么能追得上呢？"还有的人说："对呀，太阳那么远又那么热，你不热死也会累死的。"可是夸父说："为了大家可以快乐地生活，我一定要追上太阳！把它捉住，让它听我们的话！"

夸父手里拿着一根木杖₈，往着升起的太阳，拼命地跑₉。他跑过了一片片大树林，爬过了一座座大山，游过了一条条大河，跑了很远很远。

就这样，夸父跑呀跑呀，离太阳越来越近了，最后终于₁₀追上了太阳。夸父高兴极了，他高兴地伸出手去，想把太阳捉住。可是太阳太热太热了，夸父捉不住，他自己也觉得又热又渴。他就跑到河边，一口气喝干了河里的水，又往大海跑去，想去那里喝水，可是夸父还没有跑到大海，就在路上渴死了。

夸父死去以前，还想着大家，所以他把手里的木杖往太阳扔₁₁了过去。木杖掉下来以后，变成了一大片桃林₁₂，每年树上都长很多大桃子，给过路的人们吃，帮他们止₁₃渴。

很久很久以前，在中國的北部有一座高山，山上住著很多巨人₂。他們的首領₃最高最大，人很善良，也很勤勞勇敢，他的名字叫誇父。

有一年，天氣₄很熱很熱，太陽像火一樣，樹木都死了，大河也幹了。很多人都熱死了，渴死了。誇父看了，心裡很難過₅。他抬起頭看看天上的太陽，說："太陽太陽，你太壞了₆！我一定要追上你，把你捉住₇，讓你聽我們的話。"

人們聽了，都說："你不能去呀，太陽離我們那麼遠，你怎麼能追得上呢？"還有的人說："對呀，太陽那麼遠又那麼熱，你不熱死也會累死的。"可是誇父說："為了大家可以快樂地生活，我一定要追上太陽！把它捉住，讓它聽我們的話！"

誇父手裡拿著一根木杖₈，往著升起的太陽，拼命地₉跑。他跑過了一片片大樹林，爬過了一座座大山，游過了一條條大河，跑了很遠很遠。

就這樣，誇父跑呀跑呀，離太陽越來越近了，最後終於₁₀追上了太陽。誇父高興極了，他高興地伸出手去，想把太陽捉住。可是太陽太熱太熱了，誇父捉不住，他自己也覺得又熱又渴。他就跑到河邊，一口氣喝乾了河裡的水，又往大海跑去，想去那裡喝水，可是誇父還沒有跑到大海，就在路上渴死了。

誇父死去以前，還想著大家，所以他把手裡的木杖往太陽扔₁₁了過去。木杖掉下來以後，變成了一大片桃林₁₂，每年樹上都長很多大桃子，給過路的人們吃，幫他們止₁₃渴。

Vocabulary List

Simplified Characters	Traditional Characters	Pinyin	Part of Speech	English Definition
1. 夸父追日 追	誇父追日 追	zhuī	v.	to chase after
2. 巨人	巨人	jùrén	n.	giant
3. 首领	首領	shǒulǐng	n.	leader
4. 勤劳	勤勞	qínláo	adj.	hard-working
5. 难过	難過	nánguò	adj.	sad, heartbroken
6. 坏	壞	huài	adj.	bad, vicious
7. 捉住	捉住	zhuōzhù	vc.	to grasp
8. 木杖	木杖	mùzhàng	n.	cane, stick
9. 拼命地	拼命地	pīnmìng de	adv.	defying death
10. 终于	終於	zhōngyú	adv.	finally
11. 扔	扔	rēng	v.	to throw, to toss
12. 桃林	桃林	táolín	n.	peach orchards
13. 止	止	zhǐ	v.	to stop

■■ 讨论题 ■■
■ 討論題 ■

Questions for Discussion

Answer in Chinese:

. . . .

1. ■■ 为什么<u>夸父</u>要去追太阳？
   ■ 為什麼<u>誇父</u>要去追太陽？
   What made the Giant Kua Fu decide to catch the sun?

2. ■■ <u>夸父</u>死以前还为大家做了什么？
   ■ <u>誇父</u>死以前還為大家做了什麼？
   What happened after Kua Fu died?

Discuss in English:

. . . .

3. Discuss a similar figure in Western mythology.

_____

Please see p. x of the Preface for ideas about speaking activities that can be conducted in the classroom or as part of an extracurricular performance.

23

宝莲灯
寶蓮燈

Bǎolián dēng

The Magic Lotus Lamp

中国有一座高山，叫华山。很久很久以前，山上住着一位美丽的女神，她的名字叫三圣母。三圣母有一个宝莲灯，她常常用它来给人们看病，大家都很感激她。

另外还有一个人也给人们看病，他还常常到华山上来采药₂。他采药的时候，认识了三圣母，他们一起给人们看病。慢慢地，他们相爱了，结婚了。

三圣母的哥哥是天上的二郎神，他听说自己的妹妹和一个凡人₃结婚了，很生气，一定要把三圣母捉回去。可是，三圣母拿出她的宝莲灯，把他打败₄了。一年后，三圣母生了一个男孩，叫沉香。就在大家高高兴兴地庆祝的时候，二郎神进了三圣母的家，把她的宝莲灯偷走₅了。三圣母没有了宝莲灯，就被二郎神打败了，压在了华山下面。

十五年以后，小沉香长大了，他又漂亮又聪明，并且学了很多好武艺₆。

沉香常常想妈妈，他说："我一定要救出妈妈，让我们一家团圆₇。"于是₈，他开始往华山走去。有一天，沉香在路上走着，一条巨大的龙₉往他飞来。沉香一点都不怕它。他跟巨龙打起来，把它捉住了，并且把它变成了一把很大很长的斧

中國有一座高山，叫華山。很久很久以前，山上住著一位美麗的女神，她的名字叫三聖母。三聖母有一個寶蓮燈，她常常用它來給人們看病，大家都很感激她。

另外還有一個人也給人們看病，他還常常到華山上來採藥。他採藥的時候，認識了三聖母，他們一起給人們看病。慢慢地，他們相愛了，結婚了。

三聖母的哥哥是天上的二郎神，他聽說自己的妹妹和一個凡人結婚了，很生氣，一定要把三聖母捉回去。可是，三聖母拿出她的寶蓮燈，把他打敗了。一年後，三聖母生了一個男孩，叫沉香。就在大家高高興興地慶祝的時候，二郎神進了三聖母的家，把她的寶蓮燈偷走了。三聖母沒有了寶蓮燈，就被二郎神打敗了，壓在了華山下面。

十五年以後，小沉香長大了，他又漂亮又聰明，並且學了很多好武藝。

沉香常常想媽媽，他說："我一定要救出媽媽，讓我們一家團圓。"於是，他開始往華山走去。有一天，沉香在路上走著，一條巨大的龍往他飛來。沉香一點都不怕它。他跟巨龍打起來，把它捉住了，並且把它變成了一把很大很長的斧子。沉香高兴极了，笑着说："太好了！我可以用这把斧子打开华山，救出妈妈。"

沉香终于走到了华山，他挥动斧子用力劈[10]下去，只听见"轰隆[11]"一声，华山被劈成了两半，沉香救出了妈妈。妈妈见到了他，高兴得又哭又笑。沉香和妈妈又一起找到了二郎神，把他打败了，拿回了宝莲灯。从此，他们一家在一起快乐地生活着，他的爸爸妈妈还跟以前一样，常常给大家看病。

直到今天，如果你去华山，人们还会告诉你，沉香是在哪儿劈山救母的。

子。沉香高興極了，笑著說：“太好了！我可以用這把斧子打開華山，救出媽媽。”

　　沉香終於走到了華山，他揮動斧子用力劈[10]下去，只聽見“轟隆[11]”一聲，華山被劈成了兩半，沉香救出了媽媽。媽媽見到了他，高興得又哭又笑。沉香和媽媽又一起找到了二郎神，把他打敗了，拿回了寶蓮燈。從此，他們一家在一起快樂地生活著，他的爸爸媽媽還跟以前一樣，常常給大家看病。

　　直到今天，如果你去華山，人們還會告訴你，沉香是在哪兒劈山救母的。

生词
生詞

Vocabulary List

	Simplified Characters	Traditional Characters	Pinyin	Part of Speech	English Definition
1.	宝莲灯	寶蓮燈	Bǎolián Dēng	pn.	the Magic Lotus Lamp
2.	采药	採藥	cǎiyào	v.	to gather medicinal herbs
3.	凡人	凡人	fánrén	n.	mortal
4.	打败	打敗	dǎbài	vc.	to defeat
5.	偷走	偷走	tōuzǒu	vc.	to steal
6.	武艺	武藝	wǔyì	n.	martial arts
7.	团圆	團圓	tuányuán	n.	reunion
8.	于是	於是	yúshì	conj.	therefore
9.	龙	龍	lóng	n.	dragon
10.	劈	劈	pī	v.	to cleave, to split
11.	轰隆	轟隆	hōnglōng	on.	the sound of rumbling

讨论题
討論題

Questions for Discussion

Answer in Chinese:

1. 为什么<u>沉香</u>的妈妈<u>三圣母</u>被压在华山下面？
   為什麼<u>沉香</u>的媽媽<u>三聖母</u>被壓在華山下面？
   Why was Chen Xiang's mother, San Sheng Mu, imprisoned beneath Mount Hua?

2. <u>沉香</u>是怎样救出妈妈的？
   <u>沉香</u>是怎樣救出媽媽的？
   How did Chen Xiang rescue his mother?

Discuss in English:

3. Can you tell another story in which a son rescues his mother from confinement?

Please see p. x of the Preface for ideas about speaking activities that can be conducted in the classroom or as part of an extracurricular performance.

■■ 附录一 拼音课文 ■■
■■ 附錄一 拼音課文 ■■

Appendix 1:
Simplified Characters with Pinyin

1.

Pulling Seedlings Up to Help Them Grow

bá miáo zhù zhǎng
拔　苗　助　长

---

cóng qián yǒu yī gè nóng mín zhù zài yī gè xiǎo
从　前，　有　一　个　农　民　住　在　一　个　小

cūn zi lǐ tā měi tiān zǎo shang hěn zǎo qǐ chuáng
村　子　里。　他　每　天　早　上　很　早　起　床

dào dì lǐ qù gōng zuò wǎn shang hěn wǎn cái huí
到　地　里　去　工　作，　晚　上　很　晚　才　回

jiā
家。

yī nián chūn tiān tā zài dì lǐ xià le zhòng zi
一　年　春　天，　他　在　地　里　下　了　种　子，

bù jiǔ jiù cháng chū le hé miáo tā fēi cháng gāo
不　久　就　长　出　了　禾　苗。　他　非　常　高

xìng tiān tiān gěi hé miáo jiāo shuǐ xī wàng tā men
兴，　天　天　给　禾　苗　浇　水，　希　望　它　们

kuài kuài zhǎng gāo tā hái měi tiān dōu yòng yī bǎ
快　快　长　高。　他　还　每　天　都　用　一　把

chǐ zi qù liàng zhè xiē hé miáo kàn kàn tā men
尺　子　去　量　这　些　禾　苗，　看　看　它　们

zhǎng gāo le duō shǎo shí jǐ tiān guò qu le tā
长　高　了　多　少。　十　几　天　过　去　了，　他

jué de hé miáo zhǎng de tài màn le hěn zháo jí
觉　得　禾　苗　长　得　太　慢　了，　很　着　急。

tā xiǎng zěn yàng cái néng ràng zhè xiē hé miáo zhǎng
他　想："怎　样　才　能　让　这　些　禾　苗　长

de kuài yī diǎn ne
得　快　一　点　呢？"

tā xiǎng a xiǎng a xiǎng chū le yī gè bàn fǎ
他　想　啊　想　啊，　想　出　了　一　个　办　法：

rú guǒ wǒ bǎ zhè xiē hé miáo dōu wǎng shàng bá
"如　果　我　把　这　些　禾　苗　都　往　上　拔

<table>
<tr><td>gāo
高</td><td>yī
一</td><td>diǎnr
点</td><td>儿,</td><td>tā
它</td><td>men
们</td><td>bù
不</td><td>jiù
就</td><td>dōu
都</td><td>zhǎng
长</td><td>gāo
高</td><td>le
了</td></tr>
</table>

高一点儿，它们不就都长高了

吗?"他很快跑到地里把所有的

禾苗都拔高了一点儿。

他拔到半夜才回家。虽然很累，

但是很高兴。他告诉儿子说：我

今天帮助地里的禾苗长高了!"

他的儿子到地里一看，却发现

所有的禾苗都死了。

2.
Sitting by a Stump to Wait for a Careless Hare

守株待兔 (shǒu zhū dài tù)

很久以前，有一个农民在很远

的地方种了一块地。地的旁边

有一个树桩，树桩旁边长满了

野草，如果不仔细看的话，就看

不出里面有一个树桩。有时这

个农民累了，就坐在树桩上休

息。

有一天，这个农民正在工作，一只野兔飞一样地从远处跑过来。这只野兔因为跑得太快，没有看到野草里的树桩，一头撞在树桩上，就昏过去了。农民看见了，马上拾起野兔。他非常高兴，心里想："要是每天都有一只野兔从这里跑过，并且撞在这个树桩上，那我为什么还要辛辛苦苦地工作呢？"

从这天以后，这个农民再也不去工作了。他每天早上都来到地里，坐在离树桩不远的地方等着，希望还会有野兔跑过来撞在那儿。

农夫等啊，等啊，一天、两天、三天，很多天过去了，他的地里已经长满了野草。虽然还常有野兔

cóng dì biān pǎo guò, kě shì méi yǒu yī zhī zhèng
从　地　边　跑　过，　可　是　没　有　一　只　正

hǎo zhuàng zài nà gè shù zhuāng shàng。 zuì hòu, tā lián
好　撞　在　那　个　树　桩　上。　最　后，他　连

chī fàn de qián dōu méi yǒu le, chéng le rén men
吃　饭　的　钱　都　没　有　了，成　了　人　们

de xiào huà。
的　笑　话。

3.

Drawing a Snake with Feet

huà shé tiān zú
画　蛇　添　足

---

hěn jiǔ yǐ qián, yǒu yī gè fù rén, jiā lǐ yǒu
很　久　以　前，有　一　个　富　人，家　里　有

hěn duō pū rén。 yǒu yī tiān, tā gěi le tā men
很　多　仆　人。　有　一　天，他　给　了　他　们

yī píng jiǔ。 zhè jiǔ hǎo xiāng a! kě shì, zhǐ yǒu
一　瓶　酒。　这　酒　好　香　啊！可　是，只　有

yī píng, pū rén què yǒu shí jǐ gè。 zěn me bàn
一　瓶，仆　人　却　有　十　几　个。　怎　么　办

ne? zhè shí, yǒu yī gè pū rén shuō: "jiǔ tài shǎo
呢？这　时，有　一　个　仆　人　说："酒　太　少

le, zhǐ gòu yī gè rén hē, ràng wǒ men lái yī
了，只　够　一　个　人　喝，让　我　们　来　一

cháng bǐ sài ba。 wǒ men měi gè rén dōu yòng bǐ
场　比　赛　吧。　我　们　每　个　人　都　用　笔

zài dì shang huà yī tiáo shé, shéi xiān huà hǎo, zhè
在　地　上　画　一　条　蛇，谁　先　画　好，这

píng jiǔ jiù ràng tā yī gè rén hē, hǎo bù hǎo?"
瓶　酒　就　让　他　一　个　人　喝，好　不　好？"

dà jiā dōu shuō hǎo。
大　家　都　说　好。

然后,他们都拿好了笔,一、二、三,开始!大家同时在地上画起蛇来。有一个人很快就画好了。他看见其他的人还在画着,就说:"你们画得真慢!我早就画完了,这酒是我的了。"他把酒拿过来,又看了看其他人,笑着说:"你们还在画呢,那再给我的蛇画上四只脚吧!"他一边说,一边在画好的蛇上又画了四只脚。

可是,还没等他把脚画好,第二个人已经把蛇画完了。这个人从他手里把酒抢过来,说:"蛇没有脚,你却给它画上了脚,那还能叫蛇吗?现在,第一个画完蛇的人应该是我!这瓶酒应该是我的!"说完他就开始喝起酒来。第

yī	gè	huà	wán	shé	de	rén	fēi	cháng	shēng	qì,	kě
一	个	画	完	蛇	的	人	非	常	生	气,	可
shì	yī	jù	huà	yě	shuō	bù	chū	lai	yīn	wèi	zhè
是	一	句	话	也	说	不	出	来,	因	为	这
shì	tā	zì	jǐ	guò	cuò	a					
是	他	自	己	过	错	啊!					

4.
Mistaking the Reflection of a Bow for a Snake

bēi gōng shé yǐng
杯　弓　蛇　影

zhōng	guó	gǔ	dài	yǒu	yī	gè	rén	jiào	yuè	guǎng	yuè
中	国	古	代	有	一	个	人	叫	乐	广。	乐
guǎng	yǒu	hěn	duō	péng	you	tā	zuì	xǐ	huān	zuò	de
广	有	很	多	朋	友,	他	最	喜	欢	做	的
shì	qíng	jiù	shì	qǐng	tā	de	péng	you	men	dào	jiā
事	情	就	是	请	他	的	朋	友	们	到	家
lǐ	lái	hē	jiǔ	liáo	tiānr						
里	来	喝	酒,	聊	天	儿。					

yǒu	yī	tiān,	yuè	guǎng	de	yī	gè	hǎo	péng	you	dào
有	一	天,	乐	广	的	一	个	好	朋	友	到
tā	jiā	lái	le,	liǎng	gè	rén	yī	biān	hē	jiǔ	yī
他	家	来	了,	两	个	人	一	边	喝	酒,	一
biān	liáo	tiān。	zhèng	dāng	tā	men	liáo	de	hěn	gāo	xìng
边	聊	天。	正	当	他	们	聊	得	很	高	兴
de	shí	hòu,	tā	de	péng	you	què	tuī	kāi	jiǔ	bēi,
的	时	候,	他	的	朋	友	却	推	开	酒	杯,
shuō	zì	jǐ	de	dù	zi	bù	shū	fu	rán	hòu	jiù
说	自	己	的	肚	子	不	舒	服,	然	后	就
jí	jí	máng	máng	de	huí	jiā	qù	le。	yuè	guǎng	jué
急	急	忙	忙	地	回	家	去	了。	乐	广	觉
de	fēi	cháng	qí	guài,	hěn	xiǎng	zhī	dào	wèi	shén	me。
得	非	常	奇	怪,	很	想	知	道	为	什	么。

第二天，乐广到朋友家去，发现他躺在床上，好象病得很重。乐广问："你今天怎么样？"朋友说："我生病了。"乐广问："什么病呢？"朋友说："昨天我在你家里喝酒的时候，看见一条小蛇在我的酒杯里，我觉得恶心，可是我还是喝下去了。我一喝下去，就觉得肚子很不舒服，回家就生病了。"

乐广想："我家的酒里怎么会有蛇呢？"回家以后，他坐在朋友的座位上，并且在面前放了一杯酒。他一看酒杯，里面真的有一条小蛇！这是怎么回事呢？乐广抬头一看，原来座位旁边的墙上挂着一张弓，那张弓的影子映在酒杯里，就好象是一条小蛇。

Story 4 (continued):

yuè guǎng mǎ shàng huí dào péng you nàr qǐng péng
乐　广　马　上　回　到　朋　友　那儿，请　朋

you zài dào zì jǐ jiā lái yuè guǎng qǐng tā zuò
友　再　到　自　己　家　来。乐　广　请　他　坐

zài yuán lái de zuò wèi shàng yòu gěi tā dào le
在　原　来　的　座　位　上，又　给　他　倒　了

yī bēi jiǔ péng you yī kàn jiǔ bēi xià de dà
一　杯　酒。朋　友　一　看　酒　杯，吓　得　大

jiào qǐ lai shé shé yuè guǎng hā hā dà xiào màn
叫　起　来："蛇！蛇！"乐　广　哈　哈　大　笑，慢

màn de zhàn qǐ lai bǎ guà zài qiáng shàng de gōng
慢　地　站　起　来，把　挂　在　墙　上　的　弓

ná diào zhè shí péng you zài kàn jiǔ bēi fā xiàn
拿　掉。这　时　朋　友　再　看　酒　杯，发　现

jiǔ bēi lǐ de shé bù jiàn le yuán lái jiǔ bēi
酒　杯　里　的　蛇　不　见　了。原　来　酒　杯

lǐ gēn běn méi yǒu xiǎo shé péng you de bìng yī
里　根　本　没　有　小　蛇！朋　友　的　"病"　一

xià zi jiù hǎo le dù zi yě bù téng le
下　子　就　好　了，肚　子　也　不　疼　了。

5.

Six Blind Men and an Elephant

máng rén mō xiàng
盲　人　摸　象

---

zài hěn yuǎn de dì fāng yǒu yī gè chéng shì nàr
在　很　远　的　地　方，有　一　个　城　市，那儿

zhù zhe liù gè máng rén zhè liù gè máng rén
住　着　六　个　盲　人。这　六　个　盲　人

shì hǎo péng you tā men cháng cháng zài yī qǐ liáo
是　好　朋　友，他　们　常　常　在　一　起　聊

tiānr yǒu yī tiān tā men tīng shuō yǒu rén cóng
天儿。有　一　天，他　们　听　说　有　人　从

hěn yuǎn de dì fāng dài huí lai yī zhī hěn dà
很　远　的　地　方　带　回　来　一　只　很　大

的动物，叫大象。因为谁都没有
见过这种动物，所以大家都去
看它。

这些盲人也很想知道大象是
什么样子。虽然他们看不见，可
是可以用手摸啊！所以他们也
来到大象面前，都用手去摸一
摸，然后说说它的样子。

第一个盲人摸到了大象的鼻
子，他说："哦，原来大象是一条圆
圆的、粗粗的、长长的管子啊！"

第二个盲人摸到了大象的耳
朵，他说："不对，大象是一把大扇
子，搧起风来可凉快呢！"

第三个盲人摸到了大象的身
体，他说："你们都错了，大象是一
堵又高又大的墙！"

第四个盲人摸到了大象的腿，他说："你们说什么呀，大象是一根又粗又圆的大柱子啊！"

第五个盲人摸到了大象的尾巴，他说："你们都不对，大象只是一条长长的绳子。"

第六个盲人摸到了大象的牙齿，他说："我觉得大象不长也不短，摸起来很光滑。"

六个盲人都觉得只有自己才是对的，谁也不让谁。这时，人们笑着对他们说："你们每个人都说对了，但又没有一个人全对。因为你们都只摸到了大象的一部分，并没有摸到大象的全部！"

6.
Self-Contradiction

zì xiāng máo dùn
自　相　矛　盾

很　久　以　前，中　国　分　成　了　几　个　小
国，这　些　小　国　常　常　打　仗。

那　时　候，人　们　打　仗　用　的　武　器　是
矛　和　盾。矛　是　用　来　进　攻　的，有　长
长　的　木　柄，木　柄　的　一　头　装　着　锋
利　的　矛　头，又　叫　长　矛。盾　是　用　来
防　卫　的，用　坚　硬　的　金　属　做　成　的，
打　仗　时　用　它　挡　住　身　体，可　以　保
护　自　己　不　受　长　矛　的　攻　击。

一　天，有　一　个　人　在　市　场　上　卖　武
器。他　卖　的　就　是　矛　和　盾。他　把　矛
放　在　一　边，又　把　盾　放　在　另　外　一
边，等　到　买　武　器　的　人　来　了，他　就
开　始　叫　卖。

tā xiān ná qǐ yī zhī máo, duì dà jiā shuō: "nǐ
他 先 拿 起 一 枝 矛， 对 大 家 说："你

men kàn, wǒ de cháng máo shì zuì hǎo de! mù bǐng
们 看， 我 的 长 矛 是 最 好 的！ 木 柄

cháng cháng de, máo tóu yòu fēng lì yòu jiān yìng, bù
长 长 的， 矛 头 又 锋 利 又 坚 硬， 不

lùn duō me jiān yìng de dùn tā dōu néng cì chuān!"
论 多 么 坚 硬 的 盾 它 都 能 刺 穿！"

rán hòu, tā yòu ná qǐ yī miàn dùn, duì dà jiā
然 后， 他 又 拿 起 一 面 盾， 对 大 家

shuō: "zài lái kàn kàn wǒ de dùn. wǒ de dùn shì
说："再 来 看 看 我 的 盾。 我 的 盾 是

yòng zuì jiān gù de jīn shǔ zuò chéng de, bù lùn
用 最 坚 固 的 金 属 做 成 的， 不 论

duō me fēng lì de cháng máo dōu bù néng bǎ tā
多 么 锋 利 的 长 矛 都 不 能 把 它

cì chuān!"
刺 穿！"

dà jiā kàn kàn tā de máo, zài kàn kàn tā de
大 家 看 看 他 的 矛， 再 看 看 他 的

dùn, jué de dōu bú cuò. zhè shí yǒu yī gè mǎi
盾， 觉 得 都 不 错。 这 时 有 一 个 买

wǔ qì de rén shuō: "rú guǒ wǒ mǎi nǐ de máo,
武 器 的 人 说："如 果 我 买 你 的 矛，

zài mǎi nǐ de dùn, rán hòu yòng nǐ de máo qù
再 买 你 的 盾， 然 后 用 你 的 矛 去

cì nǐ de dùn, qǐng wèn huì zěn yàng ne?"
刺 你 的 盾， 请 问 会 怎 样 呢？"

zhè gè mài wǔ qì de rén yī tīng, bù zhī dào
这 个 卖 武 器 的 人 一 听， 不 知 道

zěn me huí dá, zhǐ hǎo shōu qǐ máo hé dùn huí
怎 么 回 答， 只 好 收 起 矛 和 盾 回

jiā le. hòu lái, rén men bǎ liǎng zhǒng hù xiāng duì
家 了。 后 来， 人 们 把 两 种 互 相 对

lì de qíng kuàng jiào zuò máo dùn. rú guǒ yī gè
立 的 情 况 叫 做 矛 盾。 如 果 一 个

rén shuō huà qián hòu bù yī zhì, jiù jiào zuò "zì
人　说　话　前　后　不　一　致，就　叫　做　"自
xiāng máo dùn
相　矛　盾"。

7.
A Frog in a Well

jǐng dǐ zhī wā
井　底　之　蛙

---

hěn jiǔ yǐ qián zài lí dōng hǎi hěn yuǎn de dì
很　久　以　前，在　离　东　海　很　远　的　地
fāng yǒu yī kǒu jǐng zhè kǒu jǐng hěn xiǎo lǐ miàn
方　有　一　口　井。这　口　井　很　小，里　面
zhù zhe yī zhī xiǎo qīng wā zhè zhī qīng wā yī
住　着　一　只　小　青　蛙。这　只　青　蛙　一
zhí zhù zài zhè lǐ tā qù guò de zuì yuǎn de
直　住　在　这　里，它　去　过　的　最　远　的
dì fāng jiù shì jǐng tái
地　方　就　是　井　台。

měi tiān zǎo shang qīng wā zài jǐng lǐ zhǎo xiē xiǎo
每　天　早　上，青　蛙　在　井　里　找　些　小
chóng chī zǎo fàn yǐ hòu tā tiào chū lai zài jǐng
虫　吃。早　饭　以　后，它　跳　出　来，在　井
tái shàng shài shài tài yáng rán hòu huí dào jǐng lǐ
台　上　晒　晒　太　阳，然　后　回　到　井　里
qù xiū xi chī guò wǔ fàn yǐ hòu tā zài jǐng
去　休　息。吃　过　午　饭　以　后，它　在　井
lǐ yóu yǒng wánr chī guò wǎn fàn yǐ hòu tā
里　游　泳，玩　儿。吃　过　晚　饭　以　后，它
zuò zài jǐng lǐ kàn kàn tiān shàng de xīng xīng rán
坐　在　井　里，看　看　天　上　的　星　星，然
hòu huí qù shuì jiào tā tiān tiān zhè yàng guò rì zi
后　回　去　睡　觉。它　天　天　这　样　过　日　子

一天一天地过去，它觉得自己
过得很快乐。

有一天，青蛙正在井台上玩儿，
路上来了一只大海龟。它问大
海龟："你的家在哪儿？你是从哪
儿来的？要上哪儿去？"海龟说："我
的家在东海。我从东海来，还要
回东海去。"青蛙说："东海那儿去呢？
像我这样住在井里多好啊！你
看，我每天生活得又快乐又舒
服。如果你跟我一起住在这儿，"
你就再也不想回东海去了。"

大海龟听见青蛙把它的井说
得那么好，就想下去看看，可是
它往井里一看，里面黑黑的，什
么也看不见，井口也太小，头和

脚都伸不进去，更不用说身体了。

大海龟摇摇头，对青蛙说:"谢谢你。我不下去了。虽然你的井很舒服，我还是喜欢我的东海。你知道东海有多大吗?它方圆有几千里，我们看不到它的边。你知道东海有多深吗?它有好几里深，海里有很多动物，我们天天在一起玩儿。只有住在那儿，我才觉得真正地快乐！"

青蛙听了大海龟的话，才知道井外面还有那么大的世界，觉得自己知道得太少了，而且在一个知道得很多的人面前吹牛，真是可笑。

8.

Three in the Morning and Four in the Evening

zhāo sān mù sì
朝　三　暮　四

---

cóng qián, yǒu yī wèi lǎo rén, zhù zài yī zuò dà
从　前，　有　一　位　老　人，　住　在　一　座　大

shān páng biān, shān lǐ yǒu hěn duō hóu zi. lǎo rén
山　旁　边，　山　里　有　很　多　猴　子。　老　人

fēi cháng xǐ huān zhè xiē hóu zi, tā cháng cháng zài
非　常　喜　欢　这　些　猴　子，　他　常　常　在

xiū xi de shí hòu kàn zhe tā men tiào lái tiào
休　息　的　时　候　看　着　它　们　跳　来　跳

qù, gāo gāo xìng xìng de wánr. màn màn de zhè
去，　高　高　兴　兴　地　玩　儿。　慢　慢　地，　这

xiē hóu zi dōu hé lǎo rén shóu xī qǐ lai yī
些　猴　子　都　和　老　人　熟　悉　起　来，　一

diǎnr yě bù pà tā hái cháng cháng pǎo dào tā
点　儿　也　不　怕　他，　还　常　常　跑　到　他

de shēn biān, gēn tā yī qǐ wánr jiù zhè yàng,
的　身　边，　跟　他　一　起　玩　儿。　就　这　样，

lǎo rén hé hóu zi men chéng le hǎo péng you.
老　人　和　猴　子　们　成　了　好　朋　友。

hòu lái, lǎo rén zài zì jǐ jiā lǐ yǎng le jǐ
后　来，　老　人　在　自　己　家　里　养　了　几

zhī hóu zi. lǎo rén hé hóu zi tiān tiān zài yī
只　猴　子。　老　人　和　猴　子　天　天　在　一

qǐ, hù xiāng dōu hěn liǎo jiě. lǎo rén duì hóu zi
起，　互　相　都　很　了　解。　老　人　对　猴　子

shuō shén me, tā men dōu néng tīng dǒng, tā yě néng
说　什　么，　它　们　都　能　听　懂，　他　也　能

kàn chū tā men xiǎng shuō shén me.
看　出　它　们　想　说　什　么。

dōng tiān lái le, lǎo rén gěi hóu zi men zhǔn bèi
冬　天　来　了，　老　人　给　猴　子　们　准　备

了一些果子，但是太少了。如果它们每天能少吃几个，还可以吃到第二年春天；如果不省着点儿，果子就会不够吃。他算了一下，每只猴子每天只能吃七个果子。

他先给猴子们看了看果子，然后对它们说："果子不够了。从今天起，你们每天每人只能吃七个果子。"猴子们都点头同意了。

老人又说："我每天早上给你们三个，晚上给你们四个，好不好？"猴子们一听，都很不高兴，摇头不同意，觉得早上吃的果子太少了。老人又说："早上四个，晚上三个，怎么样？"猴子们一听，早上多了一个，一个个都高兴得又叫又跳，一点意见也没有了。

9.

Carving a Mark on a Boat to Look for a Lost Sword

kè　zhōu　qiú　jiàn
刻　舟　求　剑

---

cóng qián yǒu yī gè rén zuò chuán qù bàn shì tā
从 前， 有 一 个 人 坐 船 去 办 事， 他

shēn shàng dài zhe yī bǎ bǎo jiàn dāng chuán dào le
身 上 带 着 一 把 宝 剑。 当 船 到 了

jiāng xīn de shí hòu tā de jiàn bù xiǎo xīn diào
江 心 的 时 候， 他 的 剑 不 小 心 掉

dào jiāng lǐ qù le chuán shàng de rén dōu wèi tā
到 江 里 去 了。 船 上 的 人 都 为 他

zháo jí jué de zhè tài kě xī le jiào tā gǎn
着 急， 觉 得 这 太 可 惜 了， 叫 他 赶

kuài tiào dào shuǐ lǐ qù lāo
快 跳 到 水 里 去 捞。

kě shì zhè gè rén què yī diǎnr yě bù zhe
可 是 这 个 人 却 一 点 儿 也 不 着

jí tā ná chū yī bǎ xiǎo dāo zài zì jǐ de
急。 他 拿 出 一 把 小 刀， 在 自 己 的

zuò wèi páng biān kè le yī gè jì hào rán hòu
座 位 旁 边 刻 了 一 个 记 号， 然 后

duì dà jiā shuō méi guān xì wǒ zài zhèr kè
对 大 家 说：" 没 关 系， 我 在 这 儿 刻

shàng jì hào le děng chuán dào le duì àn wǒ zhǐ
上 记 号 了。 等 船 到 了 对 岸， 我 只

yào cóng zhè gè yǒu jì hào de dì fāng tiào xià
要 从 这 个 有 记 号 的 地 方 跳 下

qù jiù kě yǐ zhǎo dào wǒ de jiàn le
去， 就 可 以 找 到 我 的 剑 了。"

chuán dào le àn yǐ hòu zhè gè rén jiù cóng nà
船 到 了 岸， 以 后， 这 个 人 就 从 那

gè yǒu jì hào de dì fāng tiào dào jiāng lǐ qù
个 有 记 号 的 地 方 跳 到 江 里， 去

lāo	tā	de	bǎo	jiàn	kě	shì	shén	me	yě	méi	yǒu
捞	他	的	宝	剑，	可	是	什	么	也	没	有
lāo	dào
捞	到。

yǒu	yī	gè	lǎo	rén	duì	tā	shuō	nián	qīng	rén	suī
有	一	个	老	人	对	他	说："年	轻	人!	虽
rán	nǐ	de	bǎo	jiàn	diào	xià	qù	de	shí	hòu	nǐ
然	你	的	宝	剑	掉	下	去	的	时	候	你
shì	zuò	zài	zhè	gè	zuò	wèi	shàng	kě	shì	nà	shí
是	坐	在	这	个	座	位	上，	可	是	那	时
chuán	zài	jiāng	xīn	nǐ	de	bǎo	jiàn	diào	zài	jiāng	xīn
船	在	江	心，	你	的	宝	剑	掉	在	江	心
le	xiàn	zài	chuán	yǐ	jīng	dào	le	àn	lí	jiāng	xīn
了!	现	在	船	已	经	到	了	岸，	离	江	心
nà	me	yuǎn	nǐ	zài	cóng	zhè	gè	dì	fāng	tiào	xià
那	么	远，	你	再	从	这	个	地	方	跳	下
qù	zěn	me	néng	zhǎo	dào	nǐ	de	bǎo	jiàn	ne	zhè
去，	怎	么	能	找	到	你	的	宝	剑	呢?"这
gè	rén	tīng	le	cái	zhī	dào	zì	jǐ	zuò	cuò	le
个	人	听	了，	才	知	道	自	己	做	错	了。

10.

An Old Man on the Frontier Loses His Horse

sāi wēng shī mǎ
塞 翁 失 马

cóng	qián	yǒu	yī	gè	lǎo	rén	hé	tā	de	ér	zi
从	前，	有	一	个	老	人	和	他	的	儿	子
zhù	zài	biān	jìng	shàng	rén	men	dōu	jiào	tā	sāi	wēng
住	在	边	境	上，	人	们	都	叫	他	"塞	翁"。
sāi	wēng	gēn	cūn	zi	lǐ	de	rén	yī	yàng	yǎng	le
塞	翁	跟	村	子	里	的	人	一	样，	养	了
hěn	duō	mǎ	měi	tiān	zǎo	shang	tā	hé	ér	zi	dōu
很	多	马。	每	天	早	上，	他	和	儿	子	都

bǎ mǎ dài dào hěn yuǎn de dì fāng qù chī cǎo,
把马带到很远的地方去吃草，

wǎn shang zài bǎ tā men dài huí jiā lái.
晚上再把它们带回家来。

yǒu yī tiān, sāi wēng de yī pǐ mǎ bù jiàn le.
有一天，塞翁的一匹马不见了。

tā zhǎo a zhǎo a, zhǎo le hǎo jǐ tiān kě shì
他找啊找啊，找了好几天可是

zhǎo bù dào. cūn lǐ de rén zhī dào le, dōu jué
找不到。村里的人知道了，都觉

de hěn kě xī, dà jiā dōu lái ān wèi tā. kě
得很可惜，大家都来安慰他。可

shì tā men dào tā jiā de shí hòu, kàn dào tā
是他们到他家的时候，看到他

yī diǎn yě bù shāng xīn. dà jiā wèn tā wèi shén
一点也不伤心。大家问他为什

me bù shāng xīn. tā shuō: "mǎ diū le, wǒ dāng rán
么不伤心。他说："马丢了，我当然

bù gāo xìng. bú guò diū le jiù diū le ba, wǒ
不高兴。不过丢了就丢了吧，我

jué de bú yào tài shāng xīn, shéi zhī dào yǐ hòu
觉得不要太伤心，谁知道以后

huì zěn me yàng ne?"
会怎么样呢？"

jǐ gè yuè guò qu le, sāi wēng diū de nà pǐ
几个月过去了，塞翁丢的那匹

mǎ zì jǐ huí lai le, ér qiě hái dài huí lai
马自己回来了，而且还带回来

jǐ pǐ gāo dà piāo liàng de yě mǎ. cūn lǐ de
几匹高大漂亮的野马。村里的

rén wèi tā gāo xìng, dōu dào tā jiā lái qìng zhù.
人为他高兴，都到他家来庆祝。

kě shì tā men dào tā jiā de shí hòu, què kàn
可是他们到他家的时候，却看

dào tā bìng bù tè bié gāo xìng. dà jiā wèn tā
到他并不特别高兴。大家问他

为什么，他说："马回来了，而且还带回几匹野马，我当然高兴。可是野马不驯服就卖不出去，要驯服它们又很不容易。谁知道它们会不会给我家带来什么坏事呢？"

塞翁说得很对，这些野马真的很不容易驯服，驯服它们的时候，塞翁的儿子从马背上掉下来，受伤了，成了一个残疾人。村子里的人听说塞翁的儿子受伤了，都来安慰他。可是塞翁并不特别伤心，他对大家说："我的儿子虽然受伤了，成了一个残疾人，但是谁知道这不是一件好事呢？"

不久，边境上发生了战争，健康的男人都要去打仗。塞翁的儿

zi	yīn	wèi	shì	gè	cán	jí	rén,	bù	néng	qù,	zhǐ
子	因	为	是	个	残	疾	人，	不	能	去，	只
hǎo	liú	zài	jiā	lǐ	dǎ	zhàng	de	shí	hòu	hěn	duō
好	留	在	家	里。	打	仗	的	时	候，	很	多
jiàn	kāng	de	nán	rén	dōu	sǐ	le	ér	sāi	wēng	de
健	康	的	男	人	都	死	了，	而	塞	翁	的
ér	zi	què	yīn	wèi	shì	gè	cán	jí	rén,	huó	xià
儿	子	却	因	为	是	个	残	疾	人，	活	下
lai	le										
来	了。										

11.

One Out of Every Three Must Be My Mentor

sān	rén	xíng	bì	yǒu	wǒ	shī
三	人	行	必	有	我	师

kǒng	zi	shì	zhōng	guó	yǒu	míng	de	sī	xiǎng	jiā	tā
孔	子	是	中	国	有	名	的	思	想	家，	他
yī	gòng	jiào	guò	sān	qiān	duō	gè	xué	shēng。	tā	cháng
一	共	教	过	三	千	多	个	学	生。	他	常
cháng	shuō	sān	rén	xíng	bì	yǒu	wǒ	shī。	tā	jué	de
常	说："三	人	行，	必	有	我	师。"他	觉	得
měi	sān	gè	rén	zhōng	jiù	yǒu	yī	gè	rén	kě	yǐ
每	三	个	人	中，	就	有	一	个	人	可	以
zuò	tā	de	lǎo	shī,	yīn	wèi	měi	gè	rén	dōu	yǒu
做	他	的	老	师，	因	为	每	个	人	都	有
cháng	chǔ	ràng	tā	xué	xí。						
长	处	让	他	学	习。						

yǒu	yī	tiān	kǒng	zi	hé	tā	de	xué	shēng	jiàn	dào
有	一	天，	孔	子	和	他	的	学	生	见	到
le	yī	gè	guó	wáng。	guó	wáng	shuō	kǒng	zi	nǐ	shì
了	一	个	国	王。	国	王	说："孔	子，	你	是
yǒu	míng	de	dà	shī,	nǐ	néng	yòng	xiàn	chuān	guò	zhè
有	名	的	大	师，	你	能	用	线	穿	过	这
gè	zhū	zi	ma?								
个	珠	子	吗？"								

孔子把珠子拿过来看了看，看见珠子中间有一个小孔，小孔又小又弯弯曲曲。他和他的学生想了很多办法，都没把线穿过去。

这时候，有一个小女孩从旁边走过。她看见孔子穿不过去，就对他说："这很容易。你把线拴在一只蚂蚁上，让蚂蚁从珠子的孔里爬过去，线就能穿过去了。"

孔子听了，赶快找了一只蚂蚁，很快就把线穿过去了。

这件事让孔子想了很久。他对学生说："你看，一个小女孩子也可以教我们，当我们的老师。我们真应该好好向每个人学习啊。"

12.
Mencius' Mother Moved Three Times

mèng　mǔ　sān　qiān
孟　母　三　迁

---

mèng zi shì kǒng zi de xué shēng, yě shì hěn yǒu
孟　子　是　孔　子　的　学　生，也　是　很　有
míng de sī xiǎng jiā.
名　的　思　想　家。

mèng zi xiǎo de shí hòu, tā jiā lǐ hěn qióng. tā
孟　子　小　的　时　候，他　家　里　很　穷。他
de fù qīn sǐ de hěn zǎo, mǔ qīn fǔ yǎng tā.
的　父　亲　死　得　很　早，母　亲　抚　养　他。
mèng zi xiǎo shí hòu bù xǐ huān xué xí, zhǐ xiǎng
孟　子　小　时　候　不　喜　欢　学　习，只　想
wánr tā de mǔ qīn xiǎng le hěn duō bàn fǎ
玩　儿，他　的　母　亲　想　了　很　多　办　法
lái bāng zhù tā. kāi shǐ tā men zhù zài yī gè
来　帮　助　他。开　始　他　们　住　在　一　个
mù dì páng biān, xiǎo mèng zi hé bié de hái zi
墓　地　旁　边，小　孟　子　和　别　的　孩　子
yī qǐ, xué zhe dà rén kū, wán sǐ rén de shìr
一　起，学　着　大　人　哭，玩　死　人　的　事
ér. mèng zi mā ma kàn le hěn shēng qì, tā shuō:
儿。孟　子　妈　妈　看　了　很　生　气，她　说：
zhè bù xíng, wǒ bù néng ràng wǒ de hái zi wán
"这　不　行，我　不　能　让　我　的　孩　子　玩
zhè gè, wǒ men bù néng zhù zài zhè lǐ."
这　个，我　们　不　能　住　在　这　里。"

mèng zi hé tā mā ma bān jiā le. tā men bān
孟　子　和　他　妈　妈　搬　家　了。他　们　搬
dào yī gè jí shì páng biān. mèng zi yòu hé bié
到　一　个　集　市　旁　边。孟　子　又　和　别
de hái zi yī qǐ, xué zhe dà rén mǎi mài dōng
的　孩　子　一　起，学　着　大　人　买　卖　东

西。孟子的妈妈又说："不行，这里也不行，不适合我的孩子住。"

他们又搬家了。这一次他们搬到了一个学校旁边。小孟子和别的孩子一起，跟着老师学习，慢慢儿喜欢念书了。孟子的妈妈看了很高兴，说："这才是适合我儿子住的地方。"

因为孟子的母亲非常注意让孟子从小就接受好的教育，所以孟子长大以后成了有名的思想家。

这就是孟母三迁的故事。后来人们就用这个故事来说明只有接近好的环境，才能养成好的习惯，成为有用的人。

13.
Kong Rong Offers the Best Pears to His Brothers

kǒng róng ràng lí
孔　融　让　梨

---

kǒng róng shì kǒng zi de dì èr shí dài zi sūn
孔　融　是　孔　子　的　第　二　十　代　子　孙，
tā gēn kǒng zi yī yàng yě shì zhōng guó yǒu míng
他　跟　孔　子　一　样　也　是　中　国　有　名
de sī xiǎng jiā kǒng róng cóng xiǎo jiù shì gè hǎo
的　思　想　家。孔　融　从　小　就　是　个　好
hái zi
孩　子。

kǒng róng chū shēng zài yī gè dà jiā tíng lǐ tā
孔　融　出　生　在　一　个　大　家　庭　里。他
yǒu wǔ gè gē gē yī gè dì dì kǒng róng sì
有　五　个　哥　哥，一　个　弟　弟。孔　融　四
suì de shí hòu yǒu yī tiān bà ba gěi hái zi
岁　的　时　候，有　一　天，爸　爸　给　孩　子
men chī lí tā ràng kǒng róng xiān ná kǒng róng kàn
们　吃　梨，他　让　孔　融　先　拿。孔　融　看
le kàn pán zi lǐ de lí shēn chū shǒu qù ná
了　看　盘　子　里　的　梨，伸　出　手　去，拿
le yī gè zuì xiǎo zuì bù hǎo de
了　一　个　最　小　最　不　好　的。

bà ba kàn le jué de hěn qí guài jiù wèn kǒng
爸　爸　看　了，觉　得　很　奇　怪，就　问　孔
róng zhè me duō de lí wǒ ràng nǐ xiān ná nǐ
融："这　么　多　的　梨，我　让　你　先　拿，你
wèi shén me zhǐ ná le yī gè zuì xiǎo de ne
为　什　么　只　拿　了　一　个　最　小　的　呢?"

kǒng róng xiào zhe shuō wǒ nián jì xiǎo yīng gāi chī
孔　融　笑　着　说："我　年　纪　小，应　该　吃
xiǎo de dà de liú gěi gē gē men chī ba
小　的；大　的　留　给　哥　哥　们　吃　吧。

bà	ba	yòu	wèn	nà	dì	dì	ne	tā	de	nián	jì
爸	爸	又	问:	"那	弟	弟	呢,	他	的	年	纪

bú	shì	gèng	xiǎo	ma							
不	是	更	小	吗?"							

kǒng	róng	yòu	shuō	wǒ	bǐ	dì	dì	dà	suǒ	yǐ	yīng
孔	融	又	说:	"我	比	弟	弟	大,	所	以	应

gāi	bǎ	dà	de	lí	liú	gěi	dì	dì	chī		
该	把	大	的	梨	留	给	弟	弟	吃。"		

bà	ba	tīng	le	hěn	gāo	xìng	shuō	kǒng	róng	zhēn	shì
爸	爸	听	了,	很	高	兴,	说:	"孔	融	真	是

yī	gè	hǎo	hái	zi							
一	个	好	孩	子。"							

dà	jiā	dōu	kuā	kǒng	róng	shì	gè	yǒu	ài	xīn	de
大	家	都	夸	孔	融	是	个	有	爱	心	的

hǎo	hái	zi	shuō	tā	zhēn	shì	kǒng	zi	de	hǎo	zi
好	孩	子,	说	他	真	是	孔	子	的	好	子

sūn											
孙。											

14.
Grinding Down an Iron Pestle to a Needle

tiě	chǔ	mó	chéng	zhēn
铁	杵	磨	成	针

dà	shī	rén	lǐ	bái	xiě	le	hěn	duō	yōu	měi	de
大	诗	人	李	白	写	了	很	多	优	美	的

shī	zhí	dào	jīn	tiān	rén	men	hái	shì	hěn	xǐ	huān
诗。	直	到	今	天,	人	们	还	是	很	喜	欢

dú	tā	de	shī	shuō	tā	de	gù	shì	tiě	chǔ	mó
读	他	的	诗,	说	他	的	故	事。	铁	杵	磨

chéng	zhēn	shì	tā	xiǎo	shí	hòu	de	gù	shì
成	针	是	他	小	时	候	的	故	事。

lǐ bái xiǎo de shí hòu yī diǎn yě bù xǐ huān
李白小的时候一点也不喜欢
niàn shū cháng cháng táo xué dào xué xiào wài miàn qù
念书，常常逃学，到学校外面去
wán
玩。

yǒu yī tiān lǎo shī ràng tā niàn shū tā niàn dào
有一天，老师让他念书，他念到
yī bàn yòu pǎo chū qù wán le
一半，又跑出去玩了。

zhè tiān hěn rè xiǎo lǐ bái jiù pǎo dào hé biān
这天很热，小李白就跑到河边
qù wán tā kàn jiàn yī wèi lǎo nǎi nai ná zhe
去玩。他看见一位老奶奶拿着
yī gēn dà tiě chǔ zài yī kuài dà shí tóu shàng
一根大铁杵在一块大石头上
mó yā mó yā lǎo nǎi nai mó de hěn rèn zhēn
磨呀磨呀。老奶奶磨得很认真，
mǎn tóu dōu shì hàn
满头都是汗。

xiǎo lǐ bái jué de hěn qí guài jiù wèn nǐ zài
小李白觉得很奇怪，就问："你在
zuò shén me yā lǎo nǎi nai
做什么呀，老奶奶？"

lǎo nǎi nai yī biān mó zhe yī biān shuō wǒ zài
老奶奶一边磨着，一边说："我在
mó zhè gēn tiě chǔ yā
磨这根铁杵呀。"

xiǎo lǐ bái jué de gèng qí guài le yòu wèn mó
小李白觉得更奇怪了，又问："磨
zhè gè zuò shén me a
这个做什么啊？"

老奶奶抬起头，看了看李白说，

"做一根针呀。"

"什么?!"小李白大叫起来，"你想把这么粗的铁杵磨成小小的针?!这可是要多少年的时间呀！"

"你说得很对，这是要很长的时间。可是，只要我一直磨下去，我一定能把它磨成针的。"

老人的话深深地打动了小李白，从此，他认真学习，成了一位大诗人。

后来，人们常常把"铁杵磨成针"用来说明一个人只要有认真，就一定能够成功，做到他想要做的事情。

15.
Bringing a Birch and Begging for a Flogging

fù　jīng　qǐng　zuì
负　荆　请　罪

---

lián pǒ shì zhào guó de dà jiàng jūn tā dǎ guò
廉 颇 是 赵 国 的 大 将 军。 他 打 过

hěn duō shèng zhàng lì guò hěn duō gōng láo zhào guó
很 多 胜 仗， 立 过 很 多 功 劳。 赵 国

de guó wáng hěn xǐ huān tā suǒ yǐ lián pǒ hěn
的 国 王 很 喜 欢 他， 所 以 廉 颇 很

jiāo ào hòu lái yī wèi jiào lìn xiāng rú de rén
骄 傲。 后 来， 一 位 叫 蔺 相 如 的 人

yě bāng zhào guó zuò le hěn duō dà shì lì le
也 帮 赵 国 作 了 很 多 大 事， 立 了

hěn duō gōng láo zhào wáng yě hěn xǐ huān tā ràng
很 多 功 劳， 赵 王 也 很 喜 欢 他， 让

tā zuò le guān guān bǐ lián pǒ jiāng jūn hái dà
他 作 了 官， 官 比 廉 颇 将 军 还 大。

lián pǒ hěn bù gāo xìng tā shuō wǒ shì zhào guó
廉 颇 很 不 高 兴， 他 说： "我 是 赵 国

de dà jiàng jūn dǎ le hěn duō shèng zhàng lì le
的 大 将 军， 打 了 很 多 胜 仗， 立 了

hěn duō gōng láo lìn xiāng rú de guān hái bǐ wǒ
很 多 功 劳。 蔺 相 如 的 官 还 比 我

de dà hēng wǒ yào shì jiàn dào lìn xiāng rú jiù
的 大。 哼！ 我 要 是 见 到 蔺 相 如， 就

yào duì tā bù kè qì
要 对 他 不 客 气!"

lián pǒ de huà lìn xiāng rú tīng dào le tā jiù
廉 颇 的 话 蔺 相 如 听 到 了， 他 就

hěn xiǎo xīn dào chù duǒ zhe lián pǒ
很 小 心， 到 处 躲 着 廉 颇。

有一天，蔺相如看见廉颇来了，就到旁边去躲一躲，让廉颇先走。

蔺相如的仆人很生气，他们都说蔺相如不应该这么怕廉颇。

蔺相如听了，笑着问他们："你们看廉颇将军和秦国的国王，一个更可怕？"

仆人们说："那当然是秦王的国王更可怕了。"

蔺相如说："对呀！秦王的国王那么可怕，人人都怕他，可是我不怕，那为什么我怕廉颇将军呢？因为秦国不来进攻赵国，就是因为有我和廉颇将军，要是我们两个人不和，秦国就会来进攻。我躲着廉颇将军，不是怕他，而是为了我们的国家啊。"

后来，有人告诉了廉颇这些话。

廉颇听了以后，想了很久，知道自己错了。他就背着一根很粗的荆条，到蔺相如家里去请罪。廉颇见了蔺相如就说："我错了，我太骄傲了。您为了国家，对我这么好。请您用这根荆条打我吧。"

蔺相如赶快把荆条从廉颇背上拿下来，说："廉颇将军不要这样。我们两个人都是赵国的大将军，应该一起为国家服务。您能够理解我，我已经很高兴了，怎么还能让您来给我道歉呢。"就这样，他们成了最好的朋友，一起为赵国立了很多功劳。

"负荆请罪"就是说，知道自己错了，就去向别人道歉。

16.
Cao Chong Weighs an Elephant

cáo chōng chēng xiàng
曹 冲 称 象

cáo chōng shì cáo cāo de zuì xiǎo de ér zi tā
曹 冲 是 曹 操 的 最 小 的 儿 子, 他
cóng xiǎo jiù hěn cōng míng
从 小 就 很 聪 明。

yǒu yī cì yǒu rén sòng gěi cáo cāo yī zhī dà
有 一 次, 有 人 送 给 曹 操 一 只 大
xiàng cáo cāo hěn gāo xìng jiù wèn tā de guān yuán
象。 曹 操 很 高 兴, 就 问 他 的 官 员:
nǐ men shéi zhī dào zhè zhī dà xiàng yǒu duō zhòng
"你 们 谁 知 道 这 只 大 象 有 多 重
ma tā men hù xiāng kàn le kàn shéi yě bù zhī
吗?" 他 们 互 相 看 了 看, 谁 也 不 知
dào tā yǒu duō zhòng
道 她 有 多 重。

cáo cāo yòu wèn tā men nǐ men shéi yǒu bàn fǎ
曹 操 又 问 他 们: "你 们 谁 有 办 法
bǎ dà xiàng chēng yī chēng zhè kě shì tài nán le
把 大 象 称 一 称?" 这 可 是 太 难 了。
dà xiàng shì zuì dà de dòng wù nà shí hòu méi
大 象 是 最 大 的 动 物。 那 时 候 没
yǒu nà me dà de chèng zěn me chēng ne guān yuán
有 那 么 大 的 秤, 怎 么 称 呢? 官 员
men wéi zhe dà xiàng kàn lai kàn qu dōu bù zhī
们 围 着 大 象 看 来 看 去, 都 不 知
dào zěn me bàn
道 怎 么 办。

zhè shí hòu yī gè xiǎo hái zi pǎo chū lai duì
这 时 候, 一 个 小 孩 子 跑 出 来, 对
dà jiā shuō wǒ yǒu bàn fǎ wǒ yǒu bàn fǎ dà
大 家 说: "我 有 办 法, 我 有 办 法!" 大

家一看，是曹操的小儿子曹冲，心里就想："大人都想不出办法来，一个五岁的小孩子，会有什么办法？"

他爸爸笑着说："好！你有办法，快说出来给大家听听。"曹冲说："我称给你们看，你们就知道了。"

小曹冲叫人牵着大象，跟他一起到河边去。他的爸爸，还有那些官员们都想看看他怎么称大象，就也去了河边。

河里有一只大船，曹冲说："把大象牵到船上去。"大象上了船，船就往下沉了一些。曹冲说："齐着水面在船边上做一个记号。"

记号做好了以后，曹冲又叫人把大象牵上岸来。这时候大船空着，大船就往上浮起一些来。大家看着，一会儿把大象牵上船，一会儿又把大象牵下船，心里都说："这孩子在做什么呀？"

然后，小曹冲又叫人拿了很多石头，放到船里去，大船又开始慢慢地往下沉了。

"好了，好了！"曹冲看见船边上的记号齐水面了，就叫人把石头拿下船来，放在秤上称。

大家还是不知道曹冲在做什么，小曹冲笑着说："石头和大象放进船里以后，船边上的记号都齐水面了，那么石头和大象就是一样重了。如果我们把大象这些石头都称一称，不就是大象的重量了吗？"

dà jiā tīng le dōu kuā cáo chōng shuō zhè bàn fǎ
大 家 听 了， 都 夸 曹 冲， 说："这 办 法

tīng qǐ lai suī rán jiǎn dān kě shì dà rén hái
听 起 来 虽 然 简 单， 可 是 大 人 还

méi xiǎng dào ne tā nián jì zhè me xiǎo jiù zhī
没 想 到 呢。 他 年 纪 这 么 小， 就 知

dào zěn yàng chēng dà xiàng zhēn shì gè cōng míng de
道 怎 样 称 大 象。 真 是 个 聪 明 的

hǎo hái zi
好 孩 子!"

17.

Breaking the Water Vat to Save a Life

sī mǎ guāng zá gāng
司 马 光 砸 缸

---

sī mǎ guāng hěn xiǎo de shí hòu jiù hěn xǐ huān
司 马 光 很 小 的 时 候 就 很 喜 欢

xué xí tā cháng cháng zhuān xīn dú shū yǒu shí hòu
学 习。 他 常 常 专 心 读 书， 有 时 候

lián chī fàn hē shuǐ dōu wàng jì le sī mǎ guāng
连 吃 饭 喝 水 都 忘 记 了。 司 马 光

bú dàn hěn xǐ huān xué xí ér qiě hái hěn cōng
不 但 很 喜 欢 学 习， 而 且 还 很 聪

míng yǒng gǎn yǒu yī gè gù shì tè bié yǒu míng
明， 勇 敢。 有 一 个 故 事 特 别 有 名，

dào jīn tiān rén men dōu hái jì de
到 今 天 人 们 都 还 记 得。

sī mǎ guāng qī suì de shí hòu yǒu yī cì tā
司 马 光 七 岁 的 时 候， 有 一 次， 他

gēn xiǎo péng you men zài jiā lǐ zhuō mí cáng tā
跟 小 朋 友 们 在 家 里 捉 迷 藏。 他

jiā lǐ fàng zhe yī kǒu dà shuǐ gāng shuǐ gāng lǐ
家 里 放 着 一 口 大 水 缸， 水 缸 里

zhuāng mǎn le shuǐ
装 满 了 水。

有一个小朋友快要被捉住了，就赶快爬到水缸上面去。可是，一不小心，他掉到水缸里去了。

水缸很大，水很深，那孩子在里面又喊又叫，就要沉下去了，别的孩子看到了，怕极了，一起大哭起来。有的往外面跑，去找爸爸妈妈来帮忙。

小司马光看到水缸里的孩子快要沉下去了，如果等大人来救就会太晚了，他想了想，就从地上找来一块大石头，往水缸上面砸了过去。

只听见"砰"的一声，水缸被砸破了，缸里的水很快流了出来，掉到缸里的小孩也就救出来了。小孩的爸爸妈妈知道了这件事情，非常感激司马光，对他说：

你 真 是 个 聪 明 勇 敢 的 好 孩 子，
救 了 我 们 的 儿 子。"

直 到 今 天，大 家 还 很 佩 服 他，说
他 这 么 小 小 的 年 纪 就 这 么 聪
明 勇 敢。

18.
Bird Jingwei Fills Up the Sea

精 卫 填 海

传 说 很 久 以 前，有 一 个 炎 帝，他
有 一 个 又 聪 明 又 可 爱 的 女 儿，
叫 女 娃。炎 帝 很 爱 他 的 女 儿，可
是 他 天 天 很 忙，没 有 时 间 跟 她
一 起 玩 儿。女 娃 就 常 常 自 己 一
个 人 坐 着 小 船，到 各 地 去 玩 儿。
她 去 了 很 多 有 意 思 的 地 方。有
一 天，她 想 到 很 远 的 地 方 去 看
看。可 是 这，一 天 海 上 刮 起 了 大

风，下起了大雨，海浪像小山一样，把她的船打翻了。就这样，女娃被大海淹死了，再也回不来了。炎帝很伤心，常常哭着，叫着女儿的名字。

女娃虽然淹死了，可是她的灵魂变成了一只可爱的小鸟。它一边飞，一边叫着"精卫、精卫，"所以，人们都把它叫做"精卫。"

精卫仇恨大海，因为它淹死了自己，从此不能跟爸爸妈妈在一起了，让爸爸妈妈很伤心。它要报仇，要把大海填平！因此，它找来一粒粒小石头，和一根根小树枝，一直飞到大海，把石子和树枝投下去。它天天这样飞个不停，一定要把大海填平。

大海笑她，说："小鸟，你那么小，每天投下这么一点点，你投一万年，也不能把我填平啊。"

精卫回答说："一万年，就是一百万年，我也一定要把你填平！"

大海又问："那你为什么一定要把我填平呢？"

精卫说："因为你淹死了我，你以后还会淹死很多别的人，所以我一定要把你填平！"

人们都很佩服精卫，觉得她又坚强又有毅力，一定能成功。

19.
Goddess Nuwa Mends the Sky

女娲补天

传说很久很久以前，中国有一位美丽的女神，她的名字叫女

女娲是一位很善良的神，她为人们做了很多好事。她创造了人，又教会他们结婚生孩子。可是，最让人们感动的，是她补天的故事。

有一天，水神和火神打起来了。他们从天上一直打到地下，把天打破了，地下也裂开了一个很大的洞。天上的大火，一直喷出，到处都是；地下的水，也都喷出来了。火和水死了很多人，很多人都生病了。

女娲看见了，心里很着急，也很伤心。她一定要为人们再做一件大事，那就是把塌下来的天补好！女娲找来了各种颜色的石头，用火把它们烧成了石浆，再用这种石浆，把天上的洞补好。

好。然后，女娲再用大龟的脚，把塌下来的天支撑起来了。

女娲就这样一直忙着，她先把天补好，再把地填平了，然后又把火和水都停了。人们又可以快乐地生活了。但是女娲累病了。人们都去看她，为她的病着急。可是，女娲笑着说："我病了没关系，只要我能帮助大家，让你们过得快乐，我就高兴了。"

因此，人们都很感激女娲，希望她的病快点好起来，可是女娲还是病死了。她死了以后，人们常常想着她，感谢她为大家作了那么多好事情。在人们的心中，女娲永远是一位美丽善良的女神。

20.
Pangu Creates the Universe

pán gǔ kāi tiān dì
盘 古 开 天 地

很久很久以前，天和地合在一起。宇宙就像一个大鸡蛋，里面黑黑的，没有上下左右，也没有东南西北。可是，这个鸡蛋里睡着一个大英雄，他就是盘古。

盘古在这个大鸡蛋里睡了一万八千年。有一天，他醒过来了，往四面看看，可是到处都是黑黑的，什么也看不见。鸡蛋里面不但很黑，而且又闷又热。盘古想站起来，可是鸡蛋包着他的身体，他一下都不能动。

盘古觉得很不舒服，他到处摸摸，找到了一把大斧子。他用力挥动斧子，只听见"砰"的一声，大

jī dàn liè kāi le, lǐ miàn qīng de dōng xī wǎng
鸡 蛋 裂 开 了， 里 面 轻 的 东 西 往

shàng shēng, biàn chéng le tiān, zhòng de dōng xī, wǎng xià
上 升， 变 成 了 天， 重 的 东 西， 往 下

diào, biàn chéng le dì. cóng nà yǐ hòu, yǔ zhòu jiù
掉， 变 成 了 地。 从 那 以 后， 宇 宙 就

bù zài shì yī gè dà jī dàn le, ér shì yǒu
不 再 是 一 个 大 鸡 蛋 了， 而 是 有

le tiān hé dì.
了 天 和 地。

pán gǔ dǎ kāi le tiān hé dì, tā gāo xìng jí
盘 古 打 开 了 天 和 地， 他 高 兴 极

le. tā de tóu dǐng zhe tiān, jiǎo cǎi zhe dì, zhī
了。 他 的 头 顶 着 天， 脚 踩 着 地， 支

chēng zhe tiān hé dì. pán gǔ yòu gāo yòu dà, ér
撑 着 天 和 地。 盘 古 又 高 又 大， 而

qiě měi tiān dōu zhǎng gāo yī zhàng, tā měi cháng yī
且 每 天 都 长 高 一 丈， 他 每 长 一

zhàng, tiān jiù shēng gāo yī zhàng, dì yě jiù zēng hòu
丈， 天 就 升 高 一 丈， 地 也 就 增 厚

yī zhàng. jiù zhè yàng, tiān biàn de yuè lái yuè gāo,
一 丈。 就 这 样， 天 变 得 越 来 越 高，

dì yě biàn de yuè lái yuè hòu.
地 也 变 得 越 来 越 厚。

pán gǔ jiù zhè yàng zhàn zhe, guò le yī wàn bā
盘 古 就 这 样 站 着， 过 了 一 万 八

qiān nián yǐ hòu, tā lèi jí le, suǒ yǐ tǎng xià
千 年 以 后， 他 累 极 了， 所 以 躺 下

lai, bì shàng le yǎn jīng, kě shì tā jiù zài yě
来， 闭 上 了 眼 睛， 可 是 他 就 再 也

xǐng bú guò lai le. pán gǔ sǐ le yǐ hòu, tā
醒 不 过 来 了。 盘 古 死 了 以 后， 他

de shēn tǐ biàn chéng le gāo shān, xiě yè biàn chéng
的 身 体 变 成 了 高 山， 血 液 变 成

le dà hé, máo fā yě biàn chéng le huā cǎo hé
了 大 河， 毛 发 也 变 成 了 花 草 和

shù mù.
树 木。

rén men gǎn jī pán gǔ dǎ kāi le tiān hé dì
人 们 感 激 盘 古 打 开 了 天 和 地，

yòu bǎ zì jǐ de shēn tǐ biàn chéng le měi lì
又 把 自 己 的 身 体 变 成 了 美 丽

de shān hé suǒ yǐ zài rén men de xīn zhōng tā
的 山 河。 所 以， 在 人 们 的 心 中， 他

yǒng yuǎn shì yī gè dà yīng xióng
永 远 是 一 个 大 英 雄。

21.

Da Yu Controls the Great Flood

dà yǔ zhì shuǐ
大 禹 治 水

---

chuán shuō hěn duō hěn duō nián yǐ qián zhōng guó cháng
传 说 很 多 很 多 年 以 前， 中 国 常

cháng fā shēng dà shuǐ fā dà shuǐ de shí hòu rén
常 发 生 大 水。 发 大 水 的 时 候， 人

men de fáng zi tā le tián bèi yān le hěn duō
们 的 房 子 塌 了， 田 被 淹 了， 很 多

rén yě dōu bèi yān sǐ le dà yǔ de fù qīn
人 也 都 被 淹 死 了。 大 禹 的 父 亲

gēn rén men yī qǐ xiǎng bàn fǎ qù zhì zhè xiē
跟 人 们 一 起 想 办 法 去 治 这 些

dà shuǐ kě shì méi yǒu chéng gōng dà yǔ zhǎng dà
大 水， 可 是 没 有 成 功。 大 禹 长 大

le yǐ hòu jué de yī dìng yào xiàng fù qīn yī
了 以 后， 觉 得 一 定 要 像 父 亲 一

yàng qù wèi dà jiā zhì shuǐ ràng rén men kuài lè
样 去 为 大 家 治 水， 让 人 们 快 乐

de shēng huó
地 生 活。

dà yǔ shì yī gè yòu rèn zhēn yòu cōng míng de
大 禹 是 一 个 又 认 真 又 聪 明 的

rén tā zhì shuǐ yǐ qián xiān xiǎng xiǎng fù qīn yǐ
人。 他 治 水 以 前， 先 想 想 父 亲 以

前是怎样治水的，然后就自己到很多大河去考察看看那里的情况，再和人们一起讨论。大禹考察完了以后，对大河的情况作了认真研究，就带着大家开始治水了。治水的人工作得很认真，也很辛苦，有时候连饭都吃不饱，可还是一直工作到半夜。大禹的腿都累肿了，但还是不停下来，一直努力地工作。

就这样，大禹跟人们一起努力治水。他工作得太认真了，很多年都没有回家。有好几次他路过自己家的门口，但是没有进去。

第一次大禹路过家门口的时候，他的妻子要生孩子了，人们都要他进去看一看，可是大禹说:"治水还没有成功,我怎么能回家呢?"第二次路过家门口的时候,大禹怕影响治水,还是没有进去。又有一次,大禹的妻子在家门口看见了他,高兴极了,要他回家去看看孩子,可是他还是没有进去。就这样,大禹把他的时间都用来治水了,他的孩子长大了以后,都不认识爸爸了。

十多年以后,大禹治水成功了!大河再也不会发大水了,人们都快快乐乐地生活。大禹还教人们种稻子,养鸡养鱼。人们的生活越来越好,大家都很感激大禹。直到今天,人们还常常跟孩子们说大禹治水的故事,要他们长大以后,像他一样认真努力地工作。

22.
Kua Fu Chases the Sun

kuā fù zhuī rì
夸 父 追 日

很 久 很 久 以 前， 在 中 国 的 北 部
hěn jiǔ hěn jiǔ yǐ qián zài zhōng guó de běi bù

有 一 座 高 山， 山 上 住 着 很 多 巨
yǒu yī zuò gāo shān shān shàng zhù zhe hěn duō jù

人。 他 们 的 首 领 最 高 最 大， 人 很
rén tā men de shǒu lǐng zuì gāo zuì dà rén hěn

善 良， 也 很 勤 劳 勇 敢， 他 的 名 字
shàn liáng yě hěn qín láo yǒng gǎn tā de míng zì

叫 夸 父。
jiào kuā fù

有 一 年， 天 气 很 热 很 热， 太 阳 像
yǒu yī nián tiān qì hěn rè hěn rè tài yáng xiàng

火 一 样， 树 木 都 死 了， 大 河 也 干
huǒ yī yàng shù mù dōu sǐ le dà hé yě gān

了。 很 多 人 都 热 死 了， 渴 死 了。 夸
le hěn duō rén dōu rè sǐ le kě sǐ le kuā

父 看 了， 心 里 很 难 过。 他 抬 起 头
fù kàn le xīn lǐ hěn nán guò tā tái qǐ tóu

看 看 天 上 的 太 阳， 说："太 阳 太 阳，
kàn kàn tiān shàng de tài yáng shuō tài yáng tài yáng

你 太 坏 了! 我 一 定 要 追 上 你， 把
nǐ tài huài le wǒ yī dìng yào zhuī shàng nǐ bǎ

你 捉 住 让 你 听 我 们 的 话。"
nǐ zhuō zhù ràng nǐ tīng wǒ men de huà

人 们 听 了， 都 说："你 不 能 去 呀， 太
rén men tīng le dōu shuō nǐ bù néng qù yā tài

阳 离 我 们 那 么 远， 你 怎 么 能 追
yáng lí wǒ men nà me yuǎn nǐ zěn me néng zhuī

得 上 呢?"还 有 的 人 说："对 呀， 太 阳
de shàng ne hái yǒu de rén shuō duì yā tài yáng

nà me yuǎn yòu nà me rè, nǐ bù rè sǐ yě huì lèi sǐ de." kě shì kuā fù shuō: "wèi le dà jiā kě yǐ kuài lè de shēng huó, wǒ yī dìng yào zhuī shàng tài yáng! bǎ tā zhuō zhù, ràng tā tīng wǒ men de huà!"

那么远又那么热,你不热死也会累死的。"可是夸父说:"为了大家可以快乐地生活,我一定要追上太阳!把它捉住,让它听我们的话!"

kuā fù shǒu lǐ ná zhe yī gēn mù zhàng, wǎng zhe shēng qǐ de tài yáng, pīn mìng de pǎo. tā pǎo guò le yī piàn piàn dà shù lín, pá guò le yī zuò zuò dà shān, yóu guò le yī tiáo tiáo dà hé, pǎo le hěn yuǎn hěn yuǎn.

夸父手里拿着一根木杖,往着升起的太阳,拼命地跑。他跑过了一片片大树林,爬过了一座座大山,游过了一条条大河,跑了很远很远。

jiù zhè yàng, kuā fù pǎo yā pǎo yā, lí tài yáng yuè lái yuè jìn le, zuì hòu zhōng yú zhuī shàng le tài yáng. kuā fù gāo xìng jí le, tā gāo xìng de shēn chū shǒu qù, xiǎng bǎ tài yáng zhuō zhù. kě shì tài yáng tài rè tài rè le, kuā fù zhuō bù zhù, tā zì jǐ yě jué de yòu rè yòu kě, tā jiù pǎo dào hé biān, yī kǒu qì hē gān le hé lǐ de shuǐ, yòu wǎng dà hǎi pǎo qù, xiǎng qù nà lǐ

就这样,夸父跑呀跑呀,离太阳越来越近了,最后终于追上了太阳。夸父高兴极了,他高兴地伸出手去,想把太阳捉住。可是太阳太热太热了,夸父捉不住,他自己也觉得又热又渴,他就跑到河边,一口气喝干了河里的水,又往大海跑去,想去那里

hē	shuǐ	kě	shì	kuā	fù	hái	méi	yǒu	pǎo	dào	dà
喝	水,	可	是	夸	父	还	没	有	跑	到	大
hǎi	jiù	zài	lù	shàng	kě	sǐ	le				
海,	就	在	路	上	渴	死	了。				

kuā	fù	sǐ	qù	yǐ	qián	hái	xiǎng	zhe	dà	jiā	suǒ
夸	父	死	去	以	前,	还	想	着	大	家,	所
yǐ	tā	bǎ	shǒu	lǐ	de	mù	zhàng	wǎng	tài	yáng	rēng
以	他	把	手	里	的	木	杖	往	太	阳	扔
le	guò	qu	mù	zhàng	diào	xià	lai	yǐ	hòu	biàn	chéng
了	过	去。	木	杖	掉	下	来	以	后,	变	成
le	yī	dà	piàn	táo	lín	měi	nián	shù	shàng	dōu	cháng
了	一	大	片	桃	林,	每	年	树	上	都	长
hěn	duō	dà	táo	zi	gěi	guò	lù	de	rén	men	chī
很	多	大	桃	子,	给	过	路	的	人	们	吃,
bāng	tā	men	zhǐ	kě							
帮	他	们	止	渴。							

23.
The Magic Lotus Lamp

bǎo   lián   dēng
宝　　莲　　灯

zhōng	guó	yǒu	yī	zuò	gāo	shān	jiào	huá	shān	hěn	jiǔ
中	国	有	一	座	高	山,	叫	华	山。	很	久
hěn	jiǔ	yǐ	qián	shān	shàng	zhù	zhe	yī	wèi	měi	lì
很	久	以	前,	山	上	住	着	一	位	美	丽
de	nǚ	shén	tā	de	míng	zì	jiào	sān	shèng	mǔ	sān
的	女	神,	她	的	名	字	叫	三	圣	母。	三
shèng	mǔ	yǒu	yī	gè	bǎo	lián	dēng	tā	cháng	cháng	yòng
圣	母	有	一	个	宝	莲	灯,	它	常	常	用
tā	lái	gěi	rén	men	kàn	bìng	dà	jiā	dōu	hěn	gǎn
它	来	给	人	们	看	病,	大	家	都	很	感
jī	tā										
激	它。										

另外还有一个人也给人们看病，他还常常到华山上来采药。他采药的时候，认识了三圣母，他们一起给人们看病。慢慢地，他们相爱了，结婚了。

三圣母的哥哥是天上的二郎神，他听说自己的妹妹和一个凡人结婚了，很生气，一定要把三圣母捉回去。可是，三圣母拿出她的宝莲灯，把他打败了。一年后，三圣母生了一个男孩，叫沉香。就在大家高高兴兴地庆祝的时候，二郎神进了三圣母的家，把她的宝莲灯偷走了，三圣母没有了宝莲灯，就被二郎神打败了，压在了华山下面。

十五年以后，小沉香长大了，他又漂亮又聪明，并且学了很多好武艺。

沉香常常想妈妈，他说："我一定要救出妈妈，让我们一家团圆。"于是，他开始往华山走去。有一天，沉香在路上走着，一条巨大的龙往他飞来。沉香一点都不怕它。他跟巨龙打起来，把它捉住了，并且把它变成了一把很大很长的斧子。沉香高兴极了，笑着说："太好了！我可以用这把斧子打开华山，救出妈妈。"

沉香终于走到了华山，他挥动斧子用力劈下去，只听见"轰隆"一声，华山被劈成了两半，沉香救出了妈妈。妈妈见到了他，高兴得又哭又笑。沉香和妈妈又一起找到了二郎神，把他打败了，拿回了宝莲灯。从此，他们一家在一起快乐地生活着，他的

bà ba mā ma hái gēn yǐ qián yī yàng, cháng cháng
爸 爸 妈 妈 还 跟 以 前 一 样， 常 常
gěi dà jiā kàn bìng.
给 大 家 看 病。

zhí dào jīn tiān, rú guǒ nǐ qù huá shān, rén men
直 到 今 天， 如 果 你 去 华 山， 人 们
hái huì gào su nǐ, chén xiāng shì zài nǎr ér pī
还 会 告 诉 你， 沉 香 是 在 哪 儿 劈
shān jiù mǔ de.
山 救 母 的。

附录二 英文总结
附錄二 英文總結

Appendix 2:
Story Abstracts in English

1. Pulling Seedlings Up to Help Them Grow

Once upon a time, there was a farmer who worked hard in the fields all year round. One spring, he got impatient with the growth of his crops. He decided to pull on the shoots in order to make them grow faster. So he doggedly pulled them, only to find all of the seedlings withered the next day. The moral of this story is that one must respect the laws of nature—excessive enthusiasm is not helpful but destructive.

2. Sitting by a Stump to Wait for a Careless Hare

Once upon a time, there was a farmer who worked hard in the fields to make ends meet. One day, he saw a hare dash over and bump into a hidden stump nearby. The poor hare died instantly. The farmer picked it up and took it home. That night, he said to himself, "I do not need to work any more. What I should do is to sit by the stump and wait for a hare each day." Thus, he gave up farming and waited for more hares to bump into the stump, but it never happened again. The moral of this story is that one should not depend on a stroke of luck to achieve a goal.

3. Drawing a Snake with Feet

In ancient China, there was a wealthy man who had many servants. One day, he gave them a bottle of wine to share with each other. Believing that one bottle of wine was not enough for so many people, the servants decided to have a drawing contest, in which the person who was the first to finish drawing a snake could have the entire bottle of wine. One man finished quickly and grabbed the bottle. Wine in hand, he saw that the other contestants were still busy drawing, and so he started to add feet to his snake. Right at that moment, another contestant finished drawing his snake. He snatched the bottle from the "winner," saying, "Snakes don't have feet. What you drew is not a snake, so the wine is mine!" The moral of this story is that one can ruin a good opportunity by attending to unnecessary trivial details.

4. Mistaking the Reflection of a Bow for a Snake

Once upon a time, a wealthy man named Yue Guang invited a friend for dinner. They had a good time, drinking and chatting. Suddenly, his friend pushed the wine away and rushed home. Then Yue Guang heard that his friend had become very ill and went to see him. When Yue Guang asked his friend why he had fallen ill, the friend said that he had seen a tiny snake in his wine when he ate dinner with him the day before, so he got a severe stomachache after drinking the wine. The next day, Yue Guang asked this friend to come sit in the same place for a drink. The friend saw the snake in his wine again, but he soon found out that it was actually the reflection of a bow hung on the wall behind him, not a snake. Immensely relieved, he immediately recovered. The moral of this story is that being overly suspicious can have terrible consequences.

5. Six Blind Men and an Elephant

In a city far, far away, there lived six blind men who were good friends and often chatted together. One day, a strange animal, called "elephant," was brought to their city. Curious, they gathered around the elephant, touching and stroking it in an attempt to figure out what it looked like. Each of the six men touched a different part of the elephant and claimed that he knew what it looked like. Unable to reach an agreement, they argued endlessly. The moral of the story is that partial knowledge is insufficient to know the truth.

6. Self-Contradiction

In ancient China, spears and shields were popular weapons for fighting battles. One day, a peddler who sold weaponry on the street lifted a spear and declared, "My spears are the sharpest in the world. They can penetrate anything." A moment later, he put down the spear and lifted a shield, saying, "My shields are the hardest in the world. Nothing can penetrate them." The peddler attracted a large crowd, and people were fascinated by the weapons. Suddenly, a man in the crowd asked, "What will happen if I use your spear to attack your shield?" The peddler was tongue-tied, unable to answer the question. Since then, the combination of 矛 and 盾 has stood for "contradicting oneself" or "inconsistent with oneself."

7. A Frog in a Well

Once upon a time, there was a little frog that was born and grew up in a well. He never traveled anywhere. Content and blissful, he felt that he was the happiest creature in the world. One day, a big sea turtle passed by. The little frog boasted to the turtle about the wideness and fineness of his well and invited the turtle to pay a visit. The turtle reached in with one leg and immediately got stuck. Humbled, the little frog learned from the turtle that beyond the well, there was a sea that was unfathomably large and deep. The moral of this story is that one risks being shallow and narrow-minded if one lives in a small, unchanging world.

8. Three in the Morning and Four in the Evening

A long time ago, there was a poor old man who lived at the foot of a mountain and befriended his neighbor monkeys. A few of the monkeys moved into his home. The old man fed them fruits. One winter, the old man had to ration their food. He first suggested to them that he would give them three fruits in the morning and four in the evening. All of the monkeys were angry and protested loudly. Then he suggested four in the morning and three in the evening. With this change, the monkeys were all satisfied and happy. This idiom originally meant "being easily fooled by small tricks," and later on it came to mean "being indecisive or unable to make up one's mind."

9. Carving a Mark on a Boat to Look for a Lost Sword

Once upon a time, a man had a sword that he treasured dearly. One day, he went on a business trip by boat. In the middle of the river, his sword inadvertently fell into the river. His fellow passengers anxiously suggested that he jump into the water to search for it. He did not think that it was necessary. Confidently, he carved a mark on the edge of the boat where his sword had slipped off and waited until the boat reached the shore. Then he jumped into the water at the carved spot to look for his sword. The moral of this story is that one should change when circumstances change. Rigidly sticking to rules leads nowhere.

10. An Old Man on the Frontier Loses His Horse

A long time ago, there was an old man who lived on the war-ridden frontier. One day, he lost one of his horses. Everybody thought that it was a big loss, but he did not agree. It turned out that he was right, because a few months later the lost horse not only came back home but also brought a few wild horses with him. However, when the old man's son tried to tame one of the horses, he fell off and was crippled. But in another turn of events, his son's life was saved because he could not fight in the war. The moral of this story is that bad things may lead to good results, and good things may lead to bad outcomes.

II: SAYINGS OF IMPORTANT HISTORICAL FIGURES

---

11. One Out of Every Three Must Be My Mentor

Confucius (551–479 B.C.E.), the most well-known philosopher in China, laid the foundation of traditional Chinese culture and is one of the most influential educators and philosophers in world history. He was born in the Kingdom of Lu, which is in present-day Shandong province, China. He lived in the turbulent Spring and Autumn Period (770 B.C.E.–476 B.C.E.) when China was divided into a number of small warring states. He earnestly taught the principles of maintaining social order and familial harmony, upholding morals and rituals, revering learning and education, and being a benevolent, righteous and modest person. Centuries after his death, his philosophical and educational theories are still highly respected and earnestly practiced by Chinese people all over the world. One of Confucius' educational principles is that one should be open to learning from people and surroundings. This story is about how he and his students solved a tricky problem by learning from a young girl.

12. Mencius' Mother Moved Three Times

Mencius (372–289 B.C.E.) was one of Confucius' students and, like Confucius, was a famous philosopher. He devoted all his life to advocating Confucianism. He was born in the Kingdom of Zhou, which is in present-day Shandong province, China, and lived during the Warring States period (403–221 B.C.E.). Following Confucius' philosophical and educational theories, he also emphasized learning, education, and rituals to cultivate good human qualities such as modesty, filial piety, and fraternal love. He believed that humans are born good-natured but are corrupted by the negative influences of society. Thus, a good education is crucial. Mencius was born into a very poor family. His mother did everything possible to secure a good education for him. To seek a better environment, she moved her family three times and finally settled in a place close to a school.

13. Kong Rong Offers the Best Pears to His Brothers

Kong Rong (153–208 C.E.) was a twentieth-generation descendant of Confucius who lived during the Three Kingdoms period. He was a famous Chinese politician and poet from the Kingdom of Lu, which is in present-day Shandong province, China. His Chinese classical essays and poems were highly praised by his contemporaries as well as later literati. He also enjoyed a good reputation because of his good character. He was good-tempered, modest, and polite, and a true follower of Confucius in practicing good manners and maintaining familial harmony. "Kong Rong Offers the Best Pears to His Brothers," a story that illustrates the Confucian ideal of fraternal love among youngsters, has been a household standard in China for centuries.

14. Grinding Down an Iron Pestle to a Needle

Li Bai (701–762 C.E.) was a Chinese poet who lived during the Tang Dynasty (618–907 C.E.). His name traditionally was pronounced Li Bo or Li Po (depending on the romanization system), hence the familiar name Li Po by which he has long been known in the West. Called the "Poet Immortal," Li Bai is often regarded as one of the greatest poets in China's literary history. Approximately 1,100 of his poems remain today. Li Bai is best known for his extravagant imagination and the striking Taoist imagery in his poetry, as well as for his great love of liquor. It is said that, born into a wealthy family, young Li Bai was impatient with school life and often skipped school. One day, when he was fooling around, he bumped into an elderly woman who was grinding an iron pestle into a needle. He was immensely moved by her perseverance and thereafter became a diligent pupil.

15. Bringing a Birch and Begging for a Flogging

Lian Po (廉颇), a general, and Lin Xiangru (蔺相如), a statesman, were both prominent officials of the State of Zhao (赵国) during the Warring States period in China. Thanks to his superb grasp of the art of war, Lian Po rarely lost a battle and hence became a very respected general. However, Lin Xiangru also rendered outstanding service to the Emperor and was promoted above Lian Po. Lian Po was so angry that he announced he would humiliate Lin Xiangru the next time they met. Lin Xiangru decided to avoid Lian Po and avert a conflict. Later on, Lian Po realized his mistake and went to Lin's house, carrying a birch on his naked back, and asked for punishment for his wrongdoing. This idiom illustrates the courage it takes to confess one's mistakes and offer a sincere apology.

16. Cao Chong Weighs an Elephant

Cao Chong (曹冲) (196–208 C.E.) was a son of Cao Cao (曹操), a powerful Chinese warlord, politician, and poet who lived during the Three Kingdoms (三国) period (184–280 C.E.). Cao Chong was renowned as a child prodigy and was said to have a mature intelligence by the age of five. Among Chinese people, he is most well known today for his ingenious method of weighing an elephant using the law of buoyancy. The story is told like this: One day, the powerful Cao Cao was given a big elephant. Wondering how much the elephant weighed, Cao Cao asked his subordinates if they could find out. None of them could, because they had no scale to weigh such a big animal. Then little five-year-old Cao Chong came forward and successfully solved the problem. First, he put the elephant into a boat. He marked the water level on the side of the boat. After the elephant was removed, he filled up the boat with stones until it sank an equal depth into the water. Next, by weighing the stones, Cao Chong found out the weight of the elephant.

17. Breaking the Water Vat to Save a Life

Sima Guang (司马光) (1019–1086 C.E.) was a Chinese historian, scholar, and statesman of the Song dynasty in ancient China. He was born to a wealthy family and obtained early success as a scholar and an official. He passed the highest scholarly examination in the state when he was barely twenty. Today he is still remembered for his great historical work, *Comprehensive Mirror to Aid in Government* (資治通鑒). Sima Guang showed outstanding talent at a very early age. One of the most famous stories about him is that when he was seven years old, he forcefully broke a large vat full of water to rescue his playmate, who had accidentally fallen in.

III: MYTHS AND FANTASIES

---

18. Bird Jingwei Fills Up the Sea

In Chinese mythology, the Yan Emperor, Yandi (炎帝), was a legendary hero believed to have taught his people how to cultivate grains for food. It is said that he had a beautiful daughter whose name was Nuwa (女娃). One day when Nuwa was in a boat on the sea, she was caught in a big storm and drowned. Yandi was heartbroken and mourned for his lost daughter every day. Meanwhile, Nuwa's spirit transformed into a lovely bird, called Jingwei (精卫). Bird Jingwei hated the sea and decided to fill it up to keep other people from drowning. She flew back and forth tirelessly, finding pebbles and branches and throwing them into the sea. The sea laughed at her, saying that it would take her ten thousand years to fill it up. Brave and diligent, Jingwei never stopped. The Chinese people highly appreciate the story and use "Jingwei tian hai" (精卫填海) as an expression to extol perseverance and determination.

19. Goddess Nuwa Mends the Sky

In ancient China, there was a kind and beautiful goddess named Nuwa. She created her people and taught them the secrets of marriage and childbirth. One day, the heavens collapsed, fires burned out of control, waters flooded the land, and people became ill and died one after another. To save the universe and her people, the Goddess Nuwa made a paste of colorful stones to mend the sky and used the feet of the Great Turtle as poles to support it. Thanks to Nuwa's efforts, the universe and its people returned to normal. However, Nuwa had worked so hard that she became sick and finally died. Her people mourned for her and everlastingly worshiped her as their beautiful beloved goddess.

20. Pangu Creates the Universe

In Chinese mythology, Pangu (盘古) was a hero who created the universe by separating the sky (the Yang) from the earth (the Yin). It is said that, in the beginning, there was nothing but formless chaos. Out of the chaos, Pangu was conceived in an egg, where he slept for eighteen thousand years until one day he woke up and broke the egg open with a giant axe. The clear and light part of the broken egg rose up and became the sky, while the murky and heavy part of the broken egg sank and became the earth. Pangu stood between them and grew 10 feet taller each day, which pushed the sky 10 feet higher and the earth 10 feet lower. As the sky became higher and higher, the earth became thicker and thicker. At the end of another eighteen thousand years, the sky was very high, the earth was very thick, and Pangu lay down to rest. After his death, Pangu's body turned into huge mountains, his blood formed great rivers, and his hair became flowers, grass, and trees.

21. Da Yu Controls the Great Flood

Stories that depict a period known as the Great Flood appear in Chinese mythology, just as they do in the Sumerian and Greek traditions. During the Chinese Great Flood, a ruler called Da Yu (大禹, "The Great Yu") arose. Da Yu was an extremely moral and benevolent ruler, and with the help of the Goddess Nuwa, he organized his people to dig canals and build irrigation systems. He finally controlled the floods and taught his people to grow crops and raise poultry. In order to control the great floods, he worked so hard and so diligently that he did not visit his family for decades, and his children grew up without knowing him. He is said to have passed his own house three times without stopping once. Thus, Da Yu is held in high regard as an example of integrity and discipline, and the expression "Da Yu zhi shui" (大禹治水) stands for diligence and perseverance.

22. Kua Fu Chases the Sun

Kua Fu (夸父) was a kind and brave giant in Chinese mythology. He lived with his fellow giants in a remote mountainous area. One year, the sun was extraordinarily hot; trees and plants withered, rivers dried up, and many people died. Kua Fu was baffled, and decided to chase and catch the sun. Wooden club in hand, he raced and followed the sun from the East to the West; however, he could not finish his quest because the sun was too hot.

Kua Fu succumbed to extreme heat and exhaustion, but before his death, he gathered all his strength and threw the wooden club towards the sun. The club grew into a vast peach orchard, which helped passersby to quench their burning thirst. Although he did not reach his goal, Kua Fu is praised as a symbol of determination and courage.

23. The Magic Lotus Lamp

In Chinese mythology, there was a beautiful goddess who lived in Mount Hua and was called San Sheng Mu (三圣母), the Holy Mother of Mount Hua. She had a magic lotus lamp, which she often used to treat disease. During her medical practice, she fell in love with a man who often climbed Mount Hua to gather medicinal herbs for his patients. They got married and had a son called Chen Xiang (沉香). However, San Sheng Mu's brother, Er-lang Shen (二郎神), was angry because she had married a mortal. He captured San Sheng Mu and pinned her under Mount Hua. Fifteen years later, the couple's son, Chen Xiang, grew up to be a brave young man with marvelous skill in the martial arts. He set out to rescue his mother. On his way to Mount Hua, he encountered a flying dragon. He captured it and turned it into a giant axe, with which he broke up Mount Hua and successfully rescued his mother. His family was reunited, and they lived happily ever after.

❚❚ 生词索引 ❚❚
生词索引

Vocabulary Index

Simplified	Traditional	Pinyin	Part of Speech	English	Story Number
A					
安慰	安慰	ānwèi	v.	to comfort	10
B					
拔	拔	bá	v.	to pull	1
包	包	bāo	v.	to envelop	20
宝	寶	bǎo	n.	valuable	9
保护	保護	bǎohù	v.	to protect	6
宝莲灯	寶蓮燈	Bǎolián Dēng	pn.	Magic Lotus Lamp	23
报仇	報仇	bào chóu	vo.	to avenge	18
杯	盃	bēi	n.	cup	4
背	背	bèi	v.	to carry on one's back	15
鼻子	鼻子	bízi	n.	nose (in this story, an elephant's trunk)	5
比赛	比賽	bǐsài	v.	competition	3
边	邊	biān	n.	edge, seashore	7
边境	邊境	biānjìng	n.	border	10

Simplified	Traditional	Pinyin	Part of Speech	English	Story Number
变	變	biàn	v.	to change, to transform	18, 19, 20, 22, 23
并且	並且	bìngqiě	conj.	also	2, 4, 23
不论	不論	búlùn	conj.	no matter	6
补	補	bǔ	v.	to mend	19
部分	部分	bùfen	n.	part, portion	5
不和	不和	bùhé	adj.	to not get along	15

C

Simplified	Traditional	Pinyin	Part of Speech	English	Story Number
踩	踩	cǎi	v.	to step on	20
采药	採藥	cǎiyào	v.	to gather herbs	23
残疾	殘疾	cánjí	n.	disable	10
草	草	cǎo	n.	grass	10
长处	長處	chángchù	n.	strong points	11
场	場	chǎng	mw.	measure word for happenings or occurrences	3
沉	沉	chén	v.	to sink	16, 17
称	稱	chēng	v.	to scale	16
成功	成功	chénggōng	v.	to succeed	14, 18, 21
城市	城市	chéngshì	n.	city	5
秤	秤	chèng	n.	scale	16
虫	蟲	chóng	n.	worm	7
仇恨	仇恨	chóuhèn	v.	to hate	18
穿过	穿過	chuānguo	vc.	to pass through	11
船	船	chuán	n.	boat	9, 16, 18
传说	傳說	chuánshuō	n.	legend	18, 19, 21
创造	創造	chuàngzào	v.	to create	19

Simplified	Traditional	Pinyin	Part of Speech	English	Story Number
吹牛	吹牛	chuī niǔ	vo.	to brag	7
刺穿	刺穿	cìchuān	v.	to poke through	6
从此	從此	cóngcǐ	conj.	thereupon	14, 18, 23
粗	粗	cū	adj.	thick and strong	5, 14, 15
村子	村子	cūnzi	n.	village	1, 10

D

Simplified	Traditional	Pinyin	Part of Speech	English	Story Number
打败	打敗	dǎbài	vc.	to defeat	23
打动	打動	dǎdòng	vc.	to be moved	14
打翻	打翻	dǎfān	v.	to be capsized	18
打仗	打仗	dǎzhàng	v.	to fight, to be at war	6, 10
大叫	大叫	dàjiào	v.	to yell	4, 14
代	代	dài	n.	generation	4, 13
待	待	dài	v.	to wait	2
当然	當然	dāngrán	adv.	surely	10, 15
挡住	擋住	dǎngzhù	v.	to block	6
刀	刀	dāo	n.	knife, dagger	9
道歉	道歉	dàoqiàn	v.	to apologize	15
稻子	稻子	dàozi	n.	rice, paddy	21
底	底	dǐ	n.	bottom	7
点头	點頭	diǎntóu	v.	to nod one's head	8
掉	掉	diào	v.	to drop, to fall	4, 9, 10, 17, 20, 22
顶	頂	dǐng	v.	to prop up, to push up	20
丢	丢	diū	v.	to lose	10
东海	東海	dōnghǎi	pn.	the East Sea	7
懂	懂	dǒng	v.	to understand	8

Simplified	Traditional	Pinyin	Part of Speech	English	Story Number
洞	洞	dòng	n.	hole	19
堵	堵	dǔ	mw.	measure word for walls	5
短	短	duǎn	adj.	short	5
对岸	對岸	duì'àn	n.	the opposite shore	9
对立	對立	duìlì	n.	to oppose	6
盾	盾	dùn	n.	shield	6
多重	多重	duōzhòng	n.	how heavy…?	16
躲	躲	duǒ	v.	to hide, to avoid	15

E

Simplified	Traditional	Pinyin	Part of Speech	English	Story Number
恶心	噁心	ěxīn	v.	to feel sick	4
耳朵	耳朵	ěrduō	n.	ear	5

F

Simplified	Traditional	Pinyin	Part of Speech	English	Story Number
凡人	凡人	fánrén	n.	mortal	23
方圆	方圓	fāngyuán	n.	circumference	7
防卫	防衛	fángwèi	v.	to protect oneself	6
房子	房子	fángzi	n.	house	21
分成	分成	fēnchéng	vc.	to be divided into	6
锋利	鋒利	fēnglì	adj.	sharp	6
浮	浮	fú	v.	to float	16
抚养	撫養	fúyǎng	v.	to raise	12
斧子	斧子	fǔzi	n.	axe, hatchet	20, 23
负荆	負荊	fù jīng	vo.	to carry a birch	15
富人	富人	fùrén	n.	rich person	3

Simplified	Traditional	Pinyin	Part of Speech	English	Story Number
G					
感动	感動	gǎndòng	v.	to be moved, to be touched	19
感激	感激	gǎnji	v.	to feel grateful	17, 19, 20, 21, 23
赶快	趕快	gǎnkuài	adv.	quickly	9, 11, 15, 17
缸	缸	gāng	n.	vat	17
根	根	gēn	mw.	measure word for long, slender objects	15, 18, 22
根本	根本	gēnběn	adv.	actually	4
弓	弓	gōng	n.	bow	4
功劳	功勞	gōngláo	n.	meritorious service	15
挂	掛	guà	v.	to hang	4
官	官	guān	n.	government official	15, 16
管子	管子	guǎnzi	n.	tube	5
光滑	光滑	guānghuá	adj.	smooth	5
国王	國王	guówáng	n.	king	11, 15
果子	果子	guǒzi	n.	fruit	8
过错	過錯	guòcuò	n.	fault, mistake	3
H					
海	海	hǎi	n.	sea	7, 18, 22
海龟	海龜	hǎigūi	n.	sea turtle	7
海浪	海浪	hǎilàng	n.	sea waves	18
喊	喊	hǎn	v.	to scream	17
汗	汗	hàn	n.	sweat	14
合	合	hé	v.	to join, to combine	20

Simplified	Traditional	Pinyin	Part of Speech	English	Story Number
禾苗	禾苗	hémiáo	n.	shoots of grain	1
轰隆	轟隆	hōnglōng	on.	the sound of rumbling	23
猴子	猴子	hóuzi	n.	monkey	8
花草	花草	huācǎo	n.	flowers and grass	20
画	畫	huà	v./n.	to draw, painting	3
坏	壞	huài	adj.	bad, vicious	10, 22
拴	拴	huān	v.	to tie	11
环境	環境	huánjìng	n.	environment	12
挥动	揮動	huīdòng	v.	to brandish	20, 23
昏	昏	hūn	v.	to faint	2
活	活	huó	v.	to be alive	10
火神	火神	huǒshén	n.	the god of fire	19

J

Simplified	Traditional	Pinyin	Part of Speech	English	Story Number
鸡蛋	雞蛋	jīdàn	n.	egg	20
急急忙忙	急急忙忙	jíjímáng-máng	adj.	in a hurry	4
记号	記號	jìhào	n.	mark	9, 16
简单	簡單	jiāndān	adj.	simple	16
坚强	堅強	jiānqiǎng	adj.	strong	18
坚硬	堅硬	jiānyìng	adj.	hard, strong	6
剑	劍	jiàn	n.	sword	9
健康的	健康的	jiànkāng de	adj.	healthy	10
浆	漿	jiāng	n.	thick liquid, paste	19
将军	將軍	jiāngjūn	n.	military general	15
江心	江心	jiāngxīn	n.	middle of the river	9
骄傲	驕傲	jiāo'ào	adj.	arrogant	15

Simplified	Traditional	Pinyin	Part of Speech	English	Story Number
浇水	澆水	jiāo shuǐ	vo.	to give water to plants	1
脚	腳	jiǎo	n.	foot	3, 7, 19, 20
教育	教育	jiàoyù	n./v.	education, to educate	12
接近	接近	jiējìn	v.	to be around	12
接受	接受	jiēshòu	v.	to receive	12
结婚	結婚	jié hūn	vo.	to get married	19, 23
金属	金屬	jīnshǔ	n.	metal	6
进攻	進攻	jìngōng	v.	to attack	6, 15
井	井	jǐng	n.	well	7
井台	井臺	jǐngtái	n.	the mouth of a well	7
救	救	jiù	v.	to rescue	17, 23
巨人	巨人	jùrén	n.	giant	22

K

Simplified	Traditional	Pinyin	Part of Speech	English	Story Number
考察	考察	kǎochá	v.	to inspect	21
可怕	可怕	kěpà	adj.	terrifying	15
可惜	可惜	kěxī	adj.	pitiful	9, 10
刻	刻	kè	v.	to carve	9
孔融	孔融	Kǒng Róng	pn.	a descendant of Confucius	13
孔子	孔子	Kǒngzi	pn.	Confucius	11, 12, 13
哭	哭	kū	v.	to cry	12, 17, 18, 23
夸	誇	kuā	v.	to praise	13
块	塊	kuài	mw.	measure word for a piece, lump, chunk	2, 14, 17
快乐	快樂	kuàilè	adj.	happy	7, 19, 21, 22, 23

Simplified	Traditional	Pinyin	Part of Speech	English	Story Number
L					
捞	撈	lāo	v.	to retrieve	9
老奶奶	老奶奶	lǎo nǎinai	n.	grandmother, elderly woman	14
累	累	lèi	adj.	tired	1, 2, 19, 20, 21, 22
梨	梨	lí	n.	pear	13
里	裡	lǐ	n.	1/2 kilometer	7
理解	理解	lǐjiě	v.	to understand	15
立	立	lì	v.	to render	15
粒	粒	lì	mw.	measure word for grains	18
量	量	liáng	v.	to measure	1
了解	了解	liǎojiě	adj.	familiar	8
裂开	裂開	lièkāi	v.	to split open	19, 20
灵魂	靈魂	línghún	n.	soul, spirit	18
龙	龍	lóng	n.	dragon	23
龙宫	龍宮	lónggōng	n.	palace of the dragon	23
M					
马	馬	mǎ	n.	horse	10
马背	馬背	mǎbèi	n.	horseback	10
蚂蚁	螞蟻	mǎyǐ	n.	ant	11
慢	慢	màn	adj.	slow	1, 3, 4, 8, 12, 16, 23
盲人	盲人	mángrén	n.	blind person	5
矛	矛	máo	n.	spear	6
毛发	毛髮	máofà	n.	hair	20
矛头	矛頭	máotóu	n.	spearhead	6

Simplified	Traditional	Pinyin	Part of Speech	English	Story Number
美丽	美麗	měilì	adj.	beautiful	19, 20, 23
孟子	孟子	Mèngzi	pn.	Mencius	12
面	面	miàn	mw.	measure word for mirrors, flags, etc.	6
苗	苗	miáo	n.	seedling, shoot	1
摸	摸	mō	v.	to touch, to feel	5, 20
磨	磨	mó	v.	to grind	14
暮	暮	mù	n.	evening	8
木柄	木柄	mùbǐng	n.	wooden holder	6
墓地	墓地	mùdì	adj.	cemetery	12
木杖	木杖	mùzhàng	n.	cane, stick	22

N

Simplified	Traditional	Pinyin	Part of Speech	English	Story Number
难过	難過	nánguò	adj.	sad, heartbroken	22
年纪	年紀	niánjì	n.	age	13, 16, 17
年轻人	年輕人	niánqīngrén	n.	young man	9
鸟	鳥	niǎo	n.	bird	18
农民	農民	nóngmín	n.	farmer	1, 2
女神	女神	nǔshén	n.	goddess	19, 23

P

Simplified	Traditional	Pinyin	Part of Speech	English	Story Number
爬	爬	pá	v.	to crawl	11, 17, 22
佩服	佩服	pèifu	v.	to admire	17, 18
喷	噴	pēn	v.	to gush	19
砰	砰	pēng	on.	the sound of a bang	17, 20
劈	劈	pī	v.	to cleave, to split	23
匹	疋	pǐ	mw.	measure word for horses	10

Simplified	Traditional	Pinyin	Part of Speech	English	Story Number
拼命地	拼命地	pīnmìng de	adv.	defying death	22
平	平	píng	v.	to fill up	18
破	破	pò	v./adj.	to break, broken	17, 19
仆人	僕人	púrén	n.	servant	3, 15

Q

妻子	妻子	qīzi	n.	wife	21
齐	齊	qí	v.	to be on a level with	16
奇怪	奇怪	qíguài	adj.	strange, surprised	4, 13, 14
牵	牽	qiān	v.	to lead along	16
墙	牆	qiáng	n.	wall	4, 5
抢	搶	qiǎng	v.	to grab	3
勤劳	勤勞	qínláo	adj.	hard-working	22
轻	輕	qīng	adj.	light	20
情况	情況	qíngkuàng	n.	situation, condition	6, 21
请罪	請罪	qǐng zuì	vo.	to ask for punishment	15
穷	窮	qióng	adj.	poor	12
求	求	qiú	v.	to look for	9
全	全	quán	adv.	entire	5

R

认真	認真	rènzhēn	adv.	seriously, diligently	14, 21
扔	扔	rēng	v.	to throw, to toss	22

S

塞	塞	sài	n.	border, frontier	10
塞翁	塞翁	Sàiwēng	pn.	name of a person	10

Simplified	Traditional	Pinyin	Part of Speech	English	Story Number
晒	曬	shài	v.	to sunbathe	7
搧	搧	shàn	v.	to wave a fan	5
善良	善良	shànliáng	adj.	kind-hearted	19, 22
扇子	扇子	shànzi	n.	fan	5
伤心	傷心	shāngxīn	adj.	heartbroken	10, 18, 19
蛇	蛇	shé	n.	snake	3, 4
伸	伸	shēn	v.	to reach out	7, 13, 22
深	深	shēn	adj.	deep	7, 17
升	升	shēn	v.	to lift	20, 22
深深地	深深地	shēnshen de	adv.	deeply	14
身体	身體	shēntǐ	n.	body	5, 6, 7, 20
生活	生活	shēnghuó	v.	to live	7, 19, 21, 22, 23
生气	生氣	shēngqì	adj.	angry	3, 12, 15, 23
绳子	繩子	shéngzi	n.	rope	5
省	省	shěng	v.	to save	8
胜仗	勝仗	shèng zhàng	n.	triumphant battles	15
失	失	shī	v.	to lose	10
诗	詩	shī	n.	poem	14
诗人	詩人	shīrén	n.	poet	14
拾	拾	shí	v.	to pick up	2
石头	石頭	shítou	n.	stone	14, 16, 17, 18
市场	市場	shìcháng	n.	market	6
适合	適合	shìhé	adj.	suitable	12
世界	世界	shìjiè	n.	world	7
守	守	shǒu	v.	to stay around	2

Simplified	Traditional	Pinyin	Part of Speech	English	Story Number
首领	首領	shǒulǐng	n.	leader	22
受伤	受傷	shòu shāng	vo.	to be injured	10
熟悉	熟悉	shúxī	v.	to get familiar with	8
树木	樹木	shùmù	n.	trees	20, 22
树枝	樹枝	shùzhī	n.	tree branch	18
树桩	樹樁	shùzhuāng	n.	tree stump	2
水面	水面	shuǐmiàn	n.	the water's surface	16
水神	水神	shuǐshén	n.	the god of water	19
说明	說明	shūomíng	v.	show	12, 14
思想家	思想家	sīxiǎngjiā	n.	philosopher, thinker	11, 12, 13
死	死	sǐ	v.	to die or to become withered	1, 10, 12, 19, 20, 22
算	算	suàn	v.	to calculate	8

T

Simplified	Traditional	Pinyin	Part of Speech	English	Story Number
塌	塌	tā	v.	to fall	19, 21
抬	抬	tái	v.	to lift	4, 14, 22
桃林	桃林	táolín	n.	peach orchards	22
逃学	逃學	táo xué	vo.	to play truant	14
讨论	討論	tǎolùn	v.	to discuss	21
特别	特別	tèbié	adv.	specially	10, 17
天	天	tiān	n.	sky	19
添	添	tiān	v.	to add	3
填平	填平	tiánpíng	vc.	to be filled up	11, 19
跳	跳	tiào	v.	to jump	7, 8, 9
铁杵	鐵杵	tiě chǔ	n.	iron pestle	14
停	停	tíng	v.	to stop	18, 19, 21

Simplified	Traditional	Pinyin	Part of Speech	English	Story Number
同意	同意	tóngyì	v.	to agree	8
偷走	偷走	tōuzǒu	vc.	to steal	23
投	投	tóu	v.	to throw	18
兔	兔	tù	n.	hare, rabbit	2
团圆	團圓	tuányuán	n.	reunion	23
推开	推開	tuīkāi	v.	to push away	4
腿	腿	tuǐ	n.	leg	5, 21

W

Simplified	Traditional	Pinyin	Part of Speech	English	Story Number
蛙	蛙	wā	n.	frog	7
弯弯曲曲	彎彎曲曲	wānwānqūqū	adj.	crooked	11
围	圍	wéi	v.	to surround	16
尾巴	尾巴	wěibā	n.	tail	5
翁	翁	wēn	n.	elderly man	10
武器	武器	wǔqì	n.	weapon	6
武艺	武藝	wǔyì	n.	martial arts	23

X

Simplified	Traditional	Pinyin	Part of Speech	English	Story Number
吓	嚇	xià	v.	to be scared	4
线	線	xiàn	n.	thread	11
香	香	xiāng	adj.	fragrant	3
相	相	xiāng	adv.	each other	6, 8, 16, 23
象	象	xiàng	n.	elephant	5, 16
小孔	小孔	xiǎokǒng	n.	small holes	11
笑话	笑話	xiàohuà	n.	laughing stock	2
辛辛苦苦	辛辛苦苦	xīnxinkǔkǔ	adj.	painstaking	2

Simplified	Traditional	Pinyin	Part of Speech	English	Story Number
星	星	xīng	n.	star	7
行	行	xíng	v.	to walk	11
醒	醒	xǐng	v.	to wake up	20
休息	休息	xiūxi	v.	to have a rest	2, 7, 8
血液	血液	xuèyè	n.	blood	20
驯服	馴服	xùnfú	v.	to tame	10

Y

牙齿	牙齒	yáchǐ	n.	teeth (elephant's tusk)	5
淹死	淹死	yānsǐ	v.	to be drowned	18, 21
研究	研究	yánjiū	v.	to study, to research	21
摇头	搖頭	yáotóu	v.	to shake one's head	7, 8
野草	野草	yěcǎo	n.	weeds, wild grass	2
野马	野馬	yěmǎ	n.	wild horse	10
意见	意見	yìjiàn	n.	opinion	8
毅力	毅力	yìlì	n.	perseverance	18
英雄	英雄	yīngxióng	n.	hero	20
影	影	yǐng	n.	reflection	4
影响	影響	yǐngxiǎng	v.	to affect	21
映	映	yìng	v.	to reflect	4
勇敢	勇敢	yǒnggǎn	adj.	brave	17, 22
永远	永遠	yǒngyuǎn	adv.	everlastingly	19, 20
优美	優美	yōuměi	adj.	beautiful, elegant	14
有名	有名	yǒumíng	adj.	famous	11, 12, 13, 17
于是	於是	yúshì	conj.	therefore	23
宇宙	宇宙	yǔzhòu	n.	universe, cosmos	20